beck'sche reihe

«Kein Leben ohne Freiheit.» «Sanfte Antwort erstickt den Zorn.» «Je höher die Taube fliegt, desto sicherer fängt sie der Habicht.» «Besser streiten als einsam sein.» «War das nicht ich, die den Staub aufwirbelte? – sprach die Fliege, als die Kutsche vorüber war.» «Die satte Sau hört nicht das Quieken der hungrigen.»
Diese kleine Schatztruhe keltischer Lebensklugheit birgt eine Fülle von Sprichwörtern – bildhaft und anschaulich, weise und gewitzt, derb und anrührend. Nach thematischen Stichworten geordnet – von Anerkennung und Verachtung bis zu Freiheit und Zwang –, erhellt sie die Lebenswirklichkeit einer bäuerlichen Gesellschaft, deren Denken in den Anfängen keltischer Kultur gründet und durch die Jahrtausende in lebendiger Adaption biblisch-orientalischen, mittelalterlichen und frühneuzeitlichen Denkens weiterentwickelt wurde.

Bernhard Maier, geb. 1963, ist Professor für Allgemeine Religionswissenschaft und Europäische Religionsgeschichte an der Universität Tübingen und international renommierter Keltenforscher. Von demselben Autor sind folgende Titel im Verlag C.H.Beck lieferbar: *Kleines Lexikon der Namen und Wörter keltischen Ursprungs* (^{3}2010); *Die Druiden* (2009); *Sternstunden der Religionen* (2008); *Stonehenge* (2005); *Die Religion der Kelten* (^{2}2004); *Die Religion der Germanen* (2003); *Die Kelten* (^{2}2003).

Bernhard Maier

Die Weisheit der Kelten

Sprichwörter
aus Irland,
Schottland, Wales
und der Bretagne

Verlag C.H.Beck

Mit 30 Vignetten nach Illuminationen
aus mittelalterlichen Handschriften;

Originalausgabe

Satz, Druck u. Bindung: Druckerei C.H.Beck, Nördlingen
Umschlagentwurf: malsyteufel, willich
Printed in Germany
ISBN 978 3 406 61355 5

www.beck.de

Inhaltsverzeichnis

Einleitung

Sprichwörter nach Themen geordnet

Literatur

Einleitung

«Auf zwei Dinge geben die Kelten viel: auf das Fechten und auf den Esprit.» So schrieb vor über hundert Jahren Theodor Mommsen in Anlehnung an einen Ausspruch, den der spätantike Grammatiker Charisius dem alten Cato zuschrieb. Nun lässt sich denken, dass Mommsen das Wort *Esprit* weniger mit Blick auf die Kelten der Antike als vielmehr mit dem auf die Franzosen seiner eigenen Zeit wählte, so dass ein Blick auf das lateinische Original dieses Satzes angebracht erscheint: *Gallia duas res industriosissime persequitur – rem militarem et argute loqui.* Dass die res militaris das Kriegswesen und mithin das Fechten bezeichnet, steht außer Frage. Was aber bedeutet argute loqui? «Geistreiche», «elegante» oder gar «spitzfindige» Rede sind nur drei Vorschläge, die man bei Mommsens Zeitgenossen findet. «Scharf zugespitzte Gedanken», meinte als einer der besten Kenner des Lateinischen Eduard Norden. Man glaubt es ihm gerne, hielt doch schon der antike Historiker Diodor von Sizilien – wohl unter Rückgriff auf eine Formulierung seines älteren Zeitgenossen Poseidonios – die prägnante Kürze des Ausdrucks *(brachylogía)* für ein herausragendes Kennzeichen keltischer Redeweise.

Keltische Sprichwörter

Zweifellos brachten schon die antiken Kelten ihre Weltsicht und ihre Erfahrungen in bündigen, bildhaften und sprachlich prägnanten Sätzen zum Ausdruck. Dafür sprechen die oben zitierten Hinweise ihrer griechischen und römischen Nachbarn, aber auch die weltweite Verbreitung solcher Sprichwörter. Wie diese altkeltischen Sentenzen aussahen, wissen wir jedoch nicht, da sie nur mündlich weitergegeben wurden. Auch als die Kelten Oberitaliens, Südfrankreichs und der Iberischen Halbinsel in den letzten Jahrhunderten vor Christi Geburt verschiedene Schriftsysteme des Mittelmeerraums übernahmen und ihren Bedürfnissen anpassten, blieb der Gebrauch der Schrift auf wenige Zwecke beschränkt und erfasste im Allgemeinen eben gerade nicht jene Bereiche, wo das gesprochene Wort seine größte Wirkung entfaltetete: Rede und Gegenrede in der öffentlichen Versammlung, Preis- und Schmähdichtung im Dienst der Mächtigen, die Überlieferung religiöser Anschauungen, Berichte vergangener Heldentaten und schließlich das Sprichwort. Ob einige der längeren altkeltischen Inschriften Sprichwörter, sprichwörtliche Redensarten oder Anklänge daran enthalten, lässt sich beim derzeitigen Stand unserer Kenntnis nicht feststellen. Eine einigermaßen anschauliche Vorstellung von den Formen und Inhalten altkeltischer Sprichwörter lässt sich daraus jedenfalls nicht gewinnen.

Mit der Verdrängung der festlandkeltischen Sprachen durch das Lateinische gerieten auch die Sprichwörter und sprichwörtlichen Redensarten der keltischen Nachbarn Roms in Vergessenheit. Anders verhielt es sich mit den inselkeltischen Sprachen der Britischen Inseln und Irlands, die mancherorts nicht nur bis in die Gegenwart oder jüngste Vergangenheit lebendig blieben, sondern nach der Einführung des lateinischen Alphabets im Zuge der Christianisierung schon im Frühen Mittelalter neben dem Lateinischen zu Schrift- und Literatursprachen wurden. Die Beliebtheit von Sprichwörtern bezeugt schon im 7. Jahrhundert der irische Geistliche Muirchú, der im Vorwort seiner auf Latein verfassten Lebensbeschreibung des heiligen Patrick ganz bescheiden seine eigene Unzulänglichkeit gegenüber dieser Aufgabe «gemäß unserem Sprichwort» *(iuxta hoc nostrorum proverbium)* mit dem Auftreten von Knaben bei einer Volksversammlung vergleicht. Ungefähr gleich alt ist das auf Altirisch abgefasste «Gesetz Adomnáns» *(Cáin Adomnáin)*, in dem der Ausdruck *Caín cech culén fo shaidh* («Artig ist jedes Tierjunge unter seiner Mutter») ausdrücklich als ein «Sprichwort» *(senfhocul)* bezeichnet wird.

In Irland begegnen lehrhafte Sentenzen, die nach Inhalt und Form unseren Sprichwörtern ähneln, vor allem in anonymen

Sammlungen, die in unterschiedlichen Fassungen im Umlauf waren und berühmten Weisen oder Königen der vorchristlichen Vergangenheit zugeschrieben wurden. Die nach Sprache, Form und Inhalt älteste dieser Sammlungen ist *Audacht Morainn* («Moranns Vermächtnis»), eine wohl im 8. Jahrhundert entstandene Zusammenstellung von Ratschlägen oder Anweisungen, die dem (fiktiven) literarischen Rahmen zufolge im frühen 1. Jahrhundert als Testament des weisen Rechtsgelehrten Morann für den König Feradach Find Fechtnach bestimmt waren. Nur wenig jünger ist die Sammlung *Tecosca Cormaic* («Cormacs Unterweisungen»), deren Sprüche dem weisen König Cormac mac Airt aus dem 3. Jahrhundert in den Mund gelegt werden. Der weise Fíthal, ein Rechtsgelehrter König Cormacs, gilt als Urheber der dritten großen Sammlung, *Senbríathra Fíthail* («Fíthals Sprüche»), die in verschiedenen Zusammenstellungen auch dem weisen Herrscher Flann Fína mac Ossu, d. h. dem 705 verstorbenen christlichen König Aldfrith von Northumbria, zugeschrieben wurden und daher auch als *Bríathra Flainn Fhína* bekannt sind. Anonym überliefert wurden demgegenüber die wohl im 9. Jahrhundert aufgezeichneten «Irischen Triaden» *(Trecheng Breth Féne)*, die als Merksprüche je drei (seltener auch zwei, vier oder sieben) Namen oder Begriffe unter einem gemeinsamen Oberbegriff zusammenfassen. Sie enthalten neben Merksprüchen aus dem Bereich des einheimischen irischen Rechts und solchen aus dem Bereich des topographischen Wissens auch zahlreiche allgemeiner gehaltene sprichwortähnliche Sentenzen.

Im Unterschied zu den «Irischen Triaden» sind die in Handschriften des 13. und 14. Jahrhunderts überlieferten «Triaden der Insel Britannien» *(Trioedd Ynys Prydein)* fast ausschließlich dem einheimischen Sagengut gewidmet und enthalten dementsprechend keine sprichwortähnlichen Sentenzen. Ebenso fehlt in Wales das in Irland durch *Audacht Morainn, Tecosca Cormaic* und *Senbríathra Fíthail* vertretene Genre des «Fürstenspiegels» *(speculum principum).* Stattdessen findet man dort in der um 1400 zusammengestellten Sammelhandschrift *Llyfr Coch Hergest* («Das Rote Buch von Hergest») lange Reihen von dreizeiligen, durch Endreim miteinander verbundenen Strophen *(englynion,* Singular: *englyn),* die Aussagen über die belebte und unbelebte Natur mit sprichwortähnlichen, aus Erfahrung und Reflexion gewonnenen Sentenzen verbinden. Sammlungen von Sprichwörtern, die einem ansonsten unbekannten Wesen namens Yr Hen Gyrys o Iâl zugeschrieben werden, findet man außerdem im *Llyfr Gwyn Rhydderch* («Das Weiße Buch Rhydderchs») aus der ersten Hälfte des 14. Jahrhunderts sowie in der Handschrift *Peniarth 17* und im *Llyfr Du o'r Waun* (englisch *The Black Book of Chirk)* aus der Mitte des 13. Jahrhunderts. Abgesehen von solchen Sammlungen findet man im Übrigen sowohl in Irland als auch in Wales immer wieder sprichwortähnliche Sentenzen, die von den Dichtern in ihre Verse eingeflochten oder handelnden Personen einer Erzählung in den Mund gelegt wurden. Ob es sich dabei jedoch tatsächlich um Sprichwörter im Sinne volkstümlicher, formelhaft geprägter und allgemein bekannter Redensarten handelt, ist schwer zu beurteilen.

Sammler und Sammlungen

Schon in der vorchristlichen griechischen Antike hatten Gelehrte wie Aristophanes von Byzanz und Didymos von Alexandria umfangreiche griechische Sprichwortsammlungen angelegt, die später von byzantinischen Philologen vielfach exzerpiert und kommentiert wurden. Ihnen folgten in der römischen Kaiserzeit mehrere Sammlungen lateinischer Spruchweisheiten, moralischer Ratschläge und Lebensweisheiten, darunter die vermutlich im 3. Jahrhundert entstandenen *Disticha Catonis,* die im Mittelalter vielerorts als Schullektüre Verwendung fanden und mehrfach überarbeitet, erweitert, kommentiert sowie in verschiedene Volkssprachen übersetzt wurden. Seit dem Frühmittelalter legte man weitere Sammlungen in lateinischer Sprache an, so etwa noch vor der Karolingerzeit die vielleicht aus Irland stammenden *Proverbia Graecorum.*

Am Anfang der neuzeitlichen Sprichwortsammlungen stehen die *Adagia* des humanistischen Theologen, Philosophen und Philologen Erasmus von Rotterdam (um 1465–1536), eine erstmals 1500 veröffentlichte und danach immer wieder erweiterte Sammlung antiker Sprichwörter und sprichwörtlicher Redensarten mit ausführlichem Kommentar, die rasch zu einem der meistgelesenen Bildungsbücher des 16. und 17. Jahrhunderts wurde. In England, wo Erasmus sich mehrfach aufgehalten hatte und hohes Ansehen genoss, veröffentlichte bereits 1539 der Reformator und Bibelübersetzer Richard Taverner (1505–1575) eine gekürzte Übersetzung ins Englische, die mehrere Auflagen erlebte. Ihr folgten 1546 eine erste, zu kurzen Gedichten erweiterte Sammlung englischer Sprichwörter durch den Dichter und Dramatiker John Heywood (um 1500–1580) und 1614 eine unkommentierte Zusammenstellung von knapp 400 englischen Sprichwörtern durch den Historiker und Altertumsforscher William Camden (1551–1623). 1670 erschien als eine der bis dahin umfangreichsten englischen Sprichwortsammlungen die kommentierte *Collection of English Proverbs* des heute vor allem als Botaniker bekannten Theologen, Philologen und Naturforschers John Ray (1627–1705), die bis zum Beginn des 20. Jahrhunderts zahlreiche Auflagen erlebte, zuletzt als Bestandteil eines erstmals 1855 von dem deutschstämmigen Verleger und Buchhändler Henry George Bohn (1796–1884) veröffentlichten *Hand-Book of Proverbs.* Die erste Zusammenstellung spezifisch schottischer Sprichwörter erschien 1641 auf der Grundlage einer Sammlung des 1598 verstorbenen Geistlichen David Fergusson. Ebenfalls aus der ersten Hälfte des 17. Jahrhunderts stammt die Sammlung des Geistlichen James Carmichaell (1543–1628), die jedoch erst um die Mitte des 20. Jahrhunderts als Buch erschien. Ihr folgten 1721 die *Complete Collection of Scottish Proverbs* eines ansonsten unbekannten Sammlers namens James Kelly und 1736 die *Scots Proverbs* des Dichters und Dramatikers Allan Ramsay (1686–1758). Sie dienten als Grundstock der umfangreichen Sammlungen schottischer Sprichwörter nach dem Aufschwung der Romantik, darunter der *Scottish Proverbs* (1832) von Andrew Henderson (1883–1835) und der *Proverbs of Scotland* (1862) von Alexander Hislop (1807–1865).

In den keltischsprachigen Regionen begannen zunächst die Waliser mit dem Druck von Sprichwortsammlungen. Bereits 1547 veröffentlichte der humanistische Gelehrte, Reformator und Bibelübersetzer William Salesbury (um 1520–1584) das Büchlein *Oll Synnwyr Pen Kembero Ygyd* (wörtlich «Alle Sinne im Kopf eines Walisers»). Dabei handelt es sich um eine alphabetisch geordnete Liste walisischer Sprichwörter, die der Autor teilweise dem Dichter Gruffudd Hiraethog verdankte. Eine sehr viel umfangreichere Sammlung des Philologen und Lexikographen Thomas Wiliems (um 1546–1622) blieb zwar ungedruckt, doch veröffentlichte der humanistische Gelehrte John Davies (um 1567–1644) in einem Anhang seines 1632 veröffentlichten Walisisch-Lateinischen Wörterbuchs erneut 13 Seiten mit walisischen Sprichwörtern (ohne Übersetzung) in alphabetischer Anordnung. Ihm folgte 1659 der Dichter und Schriftsteller James Howell (1593–1666), dessen *Lexicon Tetraglotton* in einem Anhang 40 Seiten walisischer Sprichwörter mit englischen Übersetzungen enthielt. Eine damit vergleichbare zweisprachige Ausgabe walisischer Sprichwörter unternahm schließlich 1753 der walisische Geistliche Thomas Richards (1710–1790) in seinem *Antiquae Linguae Britannicae Thesaurus,* der noch im 19. Jahrhundert mehrfach erweitert wurde.

Nach Wales erhielt 1785 das gälischsprachige Schottland eine eigene Sprichwortsammlung. Ihr Urheber war Donald Macintosh (1743–1808) aus Orchilmore in Perthshire, der später als Geistlicher der Schottischen Episkopalkirche wirkte und für die Highland Society of Scotland das Amt eines Kurators und Übersetzers versah. In der 1881 von dem Advokaten und Journalisten Alexander Nicolson (1827–1893) neu bearbeiteten und stark erweiterten dritten Auflage ist *A Collection of Gaelic Proverbs and Familiar Phrases* bis heute die bekannteste und am weitesten verbreitete Zusammenstellung schottisch-gälischer Sprichwörter mit englischer Übersetzung. Sie wird ergänzt durch einige weitere Sammlungen, so etwa die der Geistlichen Alexander Cameron (1827–1888), Duncan M. Campbell (1854–1938) und Allan McDonald (1859–1905), die erst postum als Bücher veröffentlicht wurden.

In Cornwall hatte bereits um die Mitte des 18. Jahrhunderts der Natur- und Altertumsforscher William Borlase (1696–1772) mit der Aufzeichnung kornischer Sprichwörter begonnen, doch wurde seine Sammlung erst hundert Jahre später von seinem Urenkel William Copeland Borlase (1848–1899) veröffentlicht. Zu diesem Zeitpunkt war die keltische Sprache Cornwalls bereits ausgestorben, so dass keine nennenswerten Ergänzungen mehr zu erwarten waren. Etwas besser stand es um das Manx, die gälische Sprache der Insel Man. Dort hatte der Sprachforscher Archibald Cregeen (1774–1841) zahlreiche Sprichwörter (ohne Übersetzung) in sein 1835 veröffentlichtes Wörterbuch Manx-Englisch aufgenommen, das späteren volkskundlichen Studien als Grundlage diente. Reicher, wenn auch später, war die Ausbeute der Sprichwortsammler in Irland, wo bereits 1831 der Bibliothekar und Schriftsteller James Hardiman (1782–1855) im zweiten Band seiner *Irish Minstrelsy* betitelten Sammlung irischer Lieder und Gedichte eine Liste von über 200 irischen Sprichwörtern abdruckte. Ihm folgten der katholische Geistliche Ulick Joseph Bourke (1829–1887), der 1856 eine Reihe irischer Sprichwörter mit englischen Übersetzungen im Anhang seiner Grammatik des Irischen anführte, sowie der Sprach- und Altertumsforscher Robert Shipboy McAdam (1808–1895), der von 1856 bis 1862 knapp 600 Sprichwörter aus Ulster in dem von ihm gegründeten und herausgegebenen *Ulster Journal of Archaeology* veröffentlichte. Im 20. Jahrhundert erschienen, teilweise auf der Grundlage bereits gedruckter älterer Sammlungen, drei umfangreiche Monographien aus der Feder des Volkskundlers Énrí Ó Muirgheasa (1874–1945), des Keltologen Thomas Francis O'Rahilly (1883–1953) und des irischen Philologen und Lexikographen Tomás S. Ó Máille (1904–1990). Eine erste Sammlung bretonischer Sprichwörter in Buchform erschien 1878 auf der Grundlage von Beiträgen, die zuvor in der 1870 gegründeten Fachzeitschrift *Revue celtique* veröffentlicht worden waren.

Wie aus dem bisher Gesagten deutlich geworden sein dürfte, spiegelt sich in den neuzeitlichen Sammlungen keltischer Sprichwörter also eine rund fünfhundertjährige Geschichte und eine mehr als doppelt so lange mittelalterliche bzw. antike und biblisch-orientalische Vorgeschichte. Dabei versteht es sich von selbst, dass man keineswegs alle diese Sprichwörter schon deswegen als «keltisch» bezeichnen kann, weil hier altkeltische Wendungen aus der vorchristlichen Antike über alle Wechselfälle der Geschichte hinweg in der einen, der anderen oder gar in jeder keltischsprachigen Region bis in die Neuzeit erhalten geblieben wären. «Keltisch» sind sie vielmehr insofern, als die altkeltische Tradition und Wertschätzung der prägnanten und geschliffenen Formulierung in den keltischsprachigen Regionen bis in die Neuzeit fortlebte und in der Rezeption, Abwandlung und Neuschöpfung von Sprichwörtern und sprichwörtlichen Redensarten immer wieder Ausdruck fand. Dabei ist es besonders reizvoll, die aus fremden Quellen übernommenen keltischen Sprichwörter mit ihren biblischen, antiken und mittelalterlich-lateinischen Vorbildern und Vorlagen zu vergleichen. Doch enthält die vorliegende Sammlung vielleicht auch Sprichwörter, die so oder ganz ähnlich schon bei den Kelten der vorrömischen Eisenzeit im Umlauf waren? Die Beantwortung dieser Frage ist nicht leicht, verdient jedoch eine nähere Betrachtung.

Wie in anderen Kulturen beziehen sich auch die in keltischen Sprachen überlieferten Sprichwörter auf fast alle Aspekte des menschlichen Lebens, die Reflexion und lehrhafter Kommentierung zugänglich sind. Manche Äußerungen begegnen daher genau so oder ganz ähnlich auch in anderen Sprachen und Kulturen Europas. Ein Teil dieser Übereinstimmungen beruht zweifellos darauf, dass allgemein menschliche Erfahrungen immer wieder zu ähnlichen Einsichten führten, die in der agrarisch geprägten vorindustriellen Gesellschaft immer wieder mit gleichen oder ähnlichen bildhaften Wendungen ausgedrückt wurden. Bei vielen auffällig ähnlichen Parallelen ist jedoch darüber hinaus damit zu rechnen, dass Sprichwörter auf mündlichem oder schriftlichem Wege wanderten und dabei von der einen Sprache in die andere übersetzt wurden. Eine wichtige Rolle spielten in diesem Zusammenhang die christliche Religion und die antike Philosophie, deren jeweiliges Spruchgut sich schon im Frühen Mittelalter mit der Übernahme des lateinischen Alphabets und dann noch einmal im Zeitalter des Humanismus mit der Einführung des Buchdrucks bemerkbar machte.

Über solchen kulturellen Zusammenhängen und Lehnbeziehungen sollte man jedoch nicht vergessen, dass viele keltische Sprichwörter weder der Form noch dem Inhalt nach eine spezifisch christliche oder antike Prägung aufweisen, sondern ein allgemein menschliches Erfahrungswissen und elementare Regeln des menschlichen Zusammenlebens widerspiegeln. Bei ihnen wird man am ehesten mit der Möglichkeit eines hohen Alters und eines Ursprungs noch in der vorrömischen Eisenzeit rechnen dürfen, auch wenn sich dies wegen des Fehlens entsprechender Schriftquellen nie beweisen lassen wird. Im Übrigen zeigen die keltischen Sprichwörter – im Einklang mit ihrer höchst unterschiedlichen Herkunft – natürlich auch vielfältige Unterschiede des Standpunkts, der Wahrnehmung und des Urteils. So etwa propagieren die in den mittelalterlichen Handschriften überlieferten Sentenzen in der Regel das Ideal einer hierarchisch gegliederten Gesellschaft, während viele neuzeitliche Sprichwörter dieses Ideal kritisch hinterfragen oder egalitär-demokratische Alternativen thematisieren. Neben Sprichwörtern, welche die darin ausgesprochene Weltsicht und Ethik uneingeschränkt bejahen, findet man aber natürlich auch solche, die sie – teils resigniert, teils kämpferisch – der allgemeinen Erfahrung gegenüberstellen. Wie die keltischen Literaturen sind infolgedessen auch die keltischen Sprichwörter von der Geschichte der keltischen Länder geprägt. Sprichwörter zu Themen wie «Armut», «Hunger» oder «Heimat und Fremde» sind daher nicht zuletzt vor dem Hintergrund der wirtschaftlichen Not und weit verbreiteten Emigration in den keltischsprachigen Regionen zu sehen.

Im Hinblick auf diese Zusammenhänge ist indessen auch zu beachten, dass die uns erhaltenen handschriftlichen und gedruckten Quellen nur einen Ausschnitt aus dem mündlich überlieferten Spruchgut wiedergeben, der in der Regel weltanschaulich oder religiös bestimmt und zumeist von ganz bestimmten, nicht immer offensichtlichen Interessen gelenkt ist. Insbesondere besteht seit dem 18. Jahrhundert die Tendenz, als derb oder anstößig geltende Sprichwörter nicht mehr in gedruckte Sammlungen aufzunehmen bzw. daraus zu entfernen. Auch ist zu bedenken, dass man die Popularität, den Bekanntheitsgrad und die geographische Verbreitung eines Sprichworts in der Regel aus den Quellen selbst nicht unmittelbar ablesen kann. Wie nicht zuletzt die vorliegende Auswahl zeigt, sind die Sprichwörter einer gedruckten Sammlung in der Regel eben nicht der mündlichen Rede abgelauscht, sondern entstammen oftmals gedruckten oder handschriftlichen älteren Sammlungen.

In formaler Hinsicht unterscheiden sich Sprichwörter von Aussagen der Alltagssprache in der Regel durch prägnante Kürze und eine pointierte Ausdrucksweise, die gerne Bildhaftigkeit und Besonderheiten des Klangs miteinander verbindet. In den keltischen Sprachen ermöglichen das Fehlen eines unbestimmten Artikels, das weitgehende Fehlen des bestimmten Artikels vor abstrakten Begriffen sowie die Möglichkeit des Fortfalls der Kopula («ist», «sind») als Bindeglied zwischen Subjekt und Prädikat eine Kürze, die man im Deutschen nur selten nachahmen kann. Viele keltische Sprichwörter bestehen aus solchen – teils positiven, teils negativen – lapidaren Aussagen wie etwa *Goreu athraw caledi*, «(Der) beste Lehrer (ist die) Not» oder *Nid treftad anrhydedd arglwydd*, «(Eines) Herren Ehre (ist) kein Erbteil.» Wo die Gleichsetzung oder Gegenüberstellung zweier Begriffe nicht angezeigt erscheint, stellt oftmals ein einziges weiteres Wort die Beziehung zwischen ihnen her, wie etwa in *Treise dúthchas na oileamhain*, «(Die) Natur (ist) stärker als (die) Erziehung» oder *Balchder a bair cynhen*, «Stolz schafft Streit.» Besonders häufig sind dabei Sprichwörter, die zwei Begriffe oder Aussagen als «(nicht) besser» oder «(nicht) schlechter» aufeinander beziehen oder einen Sachverhalt als Folge eines anderen

(«X schafft/erzeugt Y») darstellt. Daneben begegnen etwas umfangreichere Wendungen, die zwei Sachverhalte einander dadurch gegenüberstellen, dass sie in parallel gebauten Aussagen gegensätzliche Begriffe verwenden (wie in *Anffawd a ddaw tan redeg ac a â ymaith dan ymlusgo*, «Unglück kommt gerannt und entfernt sich schleichend») oder aber nach Einführung einer Negation Subjekt und Prädikat vertauschen (wie in *Dyn a urdd y lle, ac nid y lle y dyn*, «Die Person ehrt den Stand, und nicht der Stand die Person»). Charakteristisch für die bisher angeführten Sprichwörter ist die sachliche Feststellung eines Sachverhalts, doch findet man daneben auch die Aufforderung *(Gochel y dafarn, na ochel ildio*, «Vermeide das Wirtshaus, nicht das Bezahlen!»), den Wunsch *(Ná gearradh do theanga do sgórnadh*, «Deine Zunge durchschneide nicht deine Kehle!») und die – in der Regel rhetorische – Frage *(Cionnus bheadh an t-ubhaillín acht mar bheadh an t-abhaillín?* «Wie könnte der Apfel anders sein als der Baum?»).

Überdurchschnittlich lang sind gegenüber den bisher genannten Beispielen all jene Sprichwörter, die drei Begriffe unter einem übergeordneten Gesichtspunkt zusammenfassen, wobei mitunter der dritte und letzte Bestandteil der Aufzählung eine besondere Pointe birgt *(Trí shaghas fear go dteipeann ortha bean do thuisgint, – fir óga, fir aosda, agus fir mheadhon-aosda*, «Drei Arten von Männern, die eine Frau nicht verstehen: Junge Männer, alte Männer – und mittelalte Männer»). Oft hat man im Zusammenhang mit dieser Form auf die mittelalterlichen irischen und walisischen Triaden und auf die große Bedeutung der Dreizahl in der vorchristlichen keltischen Kunst und Mythologie hingewiesen. Tatsächlich jedoch sprechen die gewichtigen inhaltlichen Unterschiede zwischen den mittelalterlichen irischen und walisischen Triaden gegen die Annahme eines gemeinsamen Ursprungs und eines hohen Alters, zumal man für die erhaltenen Beispiele eine eher gelehrte als volkstümliche Herkunft annimmt. Eher selten sind in den keltischen Sprichwortsammlungen der Neuzeit schließlich auch die sogenannten apologischen Sag- oder Beispielsprichwörter, die man nach der Figur des Samuel Weller aus Charles Dickens' *Pickwick Papers* auch als Wellerismen bezeichnet und bei denen das eigentliche Sprichwort durch einen Hinweis auf seinen angeblichen Gebrauch durch ein bestimmtes Subjekt in einer bestimmten Situation erweitert wird *(Is iomadh glèus ceòil a bhios ann, ars' an fear a robh an trumpa maide aige,* «Es gibt mancherlei Musikinstrumente – sagte der Mann mit der Holztrompete»). Auch hier lassen das weitgehende Fehlen dieser Form in den ältesten Sammlungen, die auffallend ungleiche landschaftliche Verteilung sowie die häufig mit Wellerismen verbundene Ironisierung von Sprichwörtern auf eine vergleichsweise junge Entwicklung schließen.

Seine charakteristische Abgrenzung von den Aussagen der Alltagssprache erreicht das Sprichwort außer durch seine Kürze nicht selten durch eine ungewöhnliche Wortstellung, die dem darin ausgesprochenen Gedanken durch die Hervorhebung eines einzelnen Satzglieds besonderen Nachdruck verleiht. Auch diese Eigenart lässt sich in einer Übersetzung nicht immer nachahmen, da das Deutsche in der Regel das Subjekt vor das Verb, die keltischen Sprachen aber häufig (wie das Hebräische und Arabische) das Verb vor das Subjekt stellen. So etwa ist bei dem Sprichwort *Diwedd dydd da fydd i fwyn,* «(Das) Ende (eines) Tages ist gut zum Feiern», die Wortstellung im Walisischen betont, im Deutschen aber nicht. Kaum nachzuahmen ist auch die gängige Hervorhebung eines Verbs durch ein Hilfsverb, wie etwa in *Chwerthin a wna ynfyd yn boddi,* «Es lacht (wörtlich: Lachen tut) ein Narr beim Ertrinken.» In einer Übersetzung nur unvollkommen wiederzugeben ist schließlich auch der charakteristische Klang eines Sprichworts, der sich aus der Abfolge betonter und unbetonter Silben und der Verwendung von Wörtern mit gleichem Anfang oder gleicher Endung ergibt. Eine untergeordnete Rolle spielt dabei der Endreim, der gleichwohl immer wieder auftritt: *Adfyd a ph***all***/a wnant ddyn yn g***all**, «Unglück und Schaden machen einen Mann klug.» Sehr viel häufiger ist indessen die Alliteration oder der Stabreim, zumal die meisten irischen und zweisilbigen walisischen Wörter auf der ersten Silbe betont werden. **D***oeth* **d***yn,* **t***ra* **t***awo,* «Ein Mann ist weise, solange er schweigt», ist ein charakteristisches Beispiel für dieses Stilmittel.

Eine allgemeine Kennzeichnung keltischer Sprichwörter wäre unvollständig ohne den Hinweis auf ihre reich entwickelte und anschauliche Bilderwelt, die ihre kulturspezifische Eigenart und ihren besonderen Reiz ausmacht. Die Beobachtung des Meeres, der Seefahrt und der Gezeiten, der Tier- und Pflanzenwelt in einer kargen Landschaft und vor allem die Erfahrungen des Ackerbaus und der Viehzucht spiegeln sich in diesen Sprichwörtern, die in vielen Einzelheiten – wie etwa der Erwähnung von Last- und Zugtieren oder von Furten statt Brücken – noch ihren Ursprung in einer vorindustriellen Gesellschaft erkennen lassen.

Zu dieser Auswahl

Die vorliegende Auswahl keltischer – das heißt: irischer, schottisch-gälischer, walisischer und bretonischer – Sprichwörter beruht in der Hauptsache auf den großen Sprichwortsammlungen des 16. bis 20. Jahrhunderts. Sie beschränkt sich mit Bedacht auf die Sprichwörter im eigentlichen Sinn dieses Wortes, berücksichtigt also nicht die in vielen dieser Sammlungen ebenfalls angeführten sprichwörtlichen Redensarten. Zusätzlich aufgenommen wurde dagegen eine Auswahl mittelalterlicher Maximen und Sentenzen, die den später überlieferten Sprichwörtern inhaltlich oder formal ähneln, auch wenn ihre Verbreitung unbekannt und die Frage ihrer gelehrten oder volkstümlichen Herkunft offen ist.

Ausschlaggebend für die Aufnahme eines Sprichworts in die vorliegende Sammlung waren zunächst Klarheit, Eindeutigkeit und Verständlichkeit: Sprichwörter, die ohne weitere Erläuterungen unverständlich, nur schwer zu übersetzen oder für ganz unterschiedliche Deutungen offen sind, blieben weitgehend unberücksichtigt. Angestrebt wurde zudem eine möglichst breite Streuung nach inhaltlichen und formalen Gesichtspunkten, um nicht nur die Breite der im Sprichwortschatz erfassten Lebenswirklichkeit, sondern auch ihren Klang- und Bilderreichtum zu veranschaulichen. Immer wiederkehrende Themen, Metaphern, Vergleiche und Stilfiguren gestatten angesichts des geringen Umfangs dieser Sammlung zwar keine statistisch verwertbaren Rückschlüsse auf ihre absolute Häufigkeit, dürften grundsätzlich jedoch zumindest ihre Beliebtheit in den als Quellen herangezogenen Sammlungen (und nicht etwa Abneigungen oder Vorlieben des Herausgebers dieser Auswahl) widerspiegeln.

Die deutsche Übersetzung der Sprichwörter strebt nach größtmöglicher Treue bei gleichzeitiger Vermeidung sprachlicher Härten. Gelegentlich mögliche oder nahe liegende Angleichungen an Formulierungen in bekannten deutschen Sprichwörtern wurden bewusst vermieden, um den ursprünglichen Wortlaut nicht zu verdunkeln und auch kleinere Unterschiede der Formulierung erkennbar zu machen. Einige häufige Stilmittel wie etwa Stabreim und Endreim konnten wegen dieses Strebens nach wörtlicher Treue zumeist nicht nachgeahmt werden. Um jedoch den Leser an ihre Häufigkeit zu erinnern, wurden sie gelegentlich auch dort in der Übersetzung verwendet, wo sie im Original fehlen, sofern dies zwanglos und ohne Künstelei möglich erschien. Der originale Text der Sprichwörter gibt im Allgemeinen die älteste erreichbare Quelle wieder, doch wurde die Rechtschreibung behutsam modernisiert, damit Leser mit Anfangskenntnissen in den keltischen Sprachen die Übersetzung besser nachvollziehen können. Altertümliche Flexionsformen und inzwischen ungebräuchliche Wörter wurden dabei allerdings durchweg beibehalten, wie auch die Unterschiede zwischen den verschiedenen irischen Mundarten nicht vereinheitlicht wurden.

Auf jedes Sprichwort folgen abgekürzte Hinweise auf die Bibliographie am Ende des Bandes. Sie dienen dem Quellennachweis und sollen zugleich einen ersten Eindruck von der zeitlichen und räumlichen Verbreitung eines Sprichworts – und gegebenenfalls weiterer, gleich oder ähnlich lautender Sprichwörter in anderen Sammlungen aus keltischsprachigen Ländern – vermitteln. Auf die schier unbegrenzte Möglichkeit der Anführung außerkeltischer Entsprechungen wurde aus Platzgründen vollständig verzichtet, doch findet man nach den Quellenangaben – ohne jeden Anspruch auf Vollständigkeit – mitunter Hinweise auf augenfällig ähnliche biblische und antike Sprichwörter, sofern man sie mit einiger Wahrscheinlichkeit als Vorlagen oder Vorbilder der betreffenden keltischen Redensarten ansehen kann.

Zur Aussprache

Seit dem frühen Mittelalter werden die keltischen Sprachen mit dem auch uns geläufigen lateinischen Alphabet geschrieben, wobei jedoch einzelne Buchstaben und Buchstabenverbindungen einen anderen als den uns geläufigen Lautwert haben. Von den in dieser Sammlung vertretenen keltischen Sprachen sind einerseits das Irische und das Schottisch-Gälische, andererseits das Walisische und das Bretonische näher miteinander verwandt als mit den beiden anderen Sprachen, was sich nicht zuletzt in augenfälligen Übereinstimmungen des Lautsystems, des Wortschatzes und der Grammatik zeigt. Darüber hinaus ist die heute übliche Schreibung des Schottisch-Gälischen aus der des Irischen hervorgegangen, so dass manche orthographischen Eigenheiten für beide Sprachen Gültigkeit besitzen. Gleichwohl unterscheiden sich die Schreibung und Aussprache der einzelnen keltischen Sprachen so stark voneinander, dass man nur sehr wenige allgemein gültige Regeln aufstellen kann. Außerdem hat sich die Rechtschreibung aller noch lebenden keltischen Sprachen seit dem Beginn der Neuzeit mehrfach geändert, wobei insbesondere das Irische bis heute unterschiedliche Schreibungen in den einzelnen als Schriftsprache verwendeten Dialekten kennt. Wer sich eine ungefähre Vorstellung davon machen will, wie die Sprichwörter dieser Sammlung ausgesprochen werden, findet unter www.chbeck.de/go/weisheit-der-kelten einige Hinweise zur Schreibung und Aussprache der keltischen Sprichwörter, die der ausschließlich am Inhalt interessierte Leser nur überfliegen oder auch ganz überschlagen mag.

ZU DEN ABBILDUNGEN

Die Illustrationen des vorliegenden Buches wurden von Friederike Maier nach Vorlagen aus dem *Buch von Kells* und der walisischen Handschrift *Peniarth 28* gezeichnet. Ich freue mich über diese erste Zusammenarbeit mit meiner Tochter und danke dem zuständigen Lektor des Verlags C.H.Beck, Herrn Dr. Stefan von der Lahr, einmal mehr für die kompetente und umsichtige Betreuung.

Obschon älter als die meisten hier versammelten Sprichwörter, zeigen die teils skizzenhaft-flüchtig, teils überaus sorgfältig ausgeführten Miniaturen der beiden mittelalterlichen Handschriften doch die gleiche scharfe Beobachtungsgabe, die gleiche Liebe zum Detail und nicht selten den gleichen feinen Humor, der auch im inselkeltischen Sprichwortschatz zum Ausdruck kommt.

Sprichwörter nach Themen geordnet

alt und neu

Alles Neue wird geachtet.
Ceinmygir pob newydd.
Wales – Davies 1632; Howell 1659: 8.

Alles Neue ist schön.
Hardd pob newydd.
Wales – Salesbury 1547; Davies 1632; Howell 1659: 18. Ähnlich in Irland (O'Rahilly 1922: 83), *Geal gach nua, searbh gach gnáth* («Schön ist alles neue, bitter jede Gewohnheit»).

Der neue Besen fegt das Haus am besten.
An sguab nua is fearr sguabann an tig.
Irland – O'Rahilly 1922: 51.

Kommt ein neuer König, kommt ein neues Recht.
An uair a thig rìgh ùr, thig lagh ùr.
Schottland – Nicolson 1881: 381.

Wirf die alten Kleider nicht weg, bevor du neue bekommst.
Na tilg dhiot an seann aodach gus am faigh thu an t-aodach ùr.
Schottland – Nicolson 1881: 331.

Der Fuchs hat eine Lunte, der Hase hat zwei Löffel, ein Dreifuß hat drei Beine – und es gibt nichts, das wirklich neu ist.
Lost en eus ul louarn, gad en eus divskouarn, teir gar en eus un trebez – ha c'hoaz n'eus netra nevez.
Bretagne – Sauvé 1878: 94.

Anerkennung und Verachtung

Achtung ist manchmal besser als Liebe.
A-wechoù gwelloc'h doujañs evit karantez.
Bretagne – Sauvé 1878: 20.

Was gewöhnlich ist, wird nicht geachtet.
Chan fhoghann an minic meas.
Irland – Ó Muirgheasa 1907: 212 mit der Variante
Bíonn meas ar an annamh («Das Seltene wird geachtet»).

Wer nicht zu sehen ist, wird verachtet.
Dirmygir ni welir.
Wales – Salesbury 1547; Davies 1632; Howell 1659: 2.

Der Mutige wird geachtet.
Den a galon a zo doujet.
Bretagne – Sauvé 1878: 18.

Etwas Gutes wird geachtet, sobald es verloren geht.
Bidh meas air math nuair a chaillear e.
Schottland – Nicolson 1881: 65.

Der fernste Heilige ist der beste Heilige.
Ar sant pella, ar sant gwella.
Bretagne – Sauvé 1878: 136.

Achte nicht den, der dich nicht achtet.
Ni'th barcho din a pharch.
Wales – *Englynion Y Clyweit*
(Williams u. Parry-Williams 1927: 10).

Wer keine Achtung kennt,
wird nicht geachtet.
Ni chaiff barch ni wypo berchi.
Wales – *Llyfr Du o'r Waun* (Williams 1927: 25).

Entsprechend deiner Selbstachtung achten die anderen dich.
A rèir do mheas ort fhèin 's ann a mheasas càch thu.
Schottland – Nicolson 1881: 5.

Arbeit und Muße

Arbeit ist besser als Reden.
Is féarr obair ná cainnt.
Irland – Ó Muirgheasa 1907: 62.

Zwei Drittel einer Arbeit – ihr Anfang.
Deuparth gwaith ei ddechreu.
Wales – *Llyfr Gwyn Rhydderch* (Phillimore 1886: 140); Salesbury 1547; Davies 1632; Howell 1659: 11. Ähnlich in Irland (Bourke 1856: 186), *Tus math leath na h-oibre* («Ein guter Anfang ist die halbe Arbeit»).

Eine schlechte Arbeit ist zweimal zu tun.
Drygwaith dwy waith y gwnair.
Wales – *Peniarth 17* (Lewis 1929: 6); Salesbury 1547; Davies 1632; Howell 1659: 3.

Bis sie beendet ist, genügt eine einzige Arbeit.
Is leór obair amháin go mbéidh sé críochnuighthe.
Irland – Ó Muirgheasa 1907: 132.

Die Vielzahl der Hände erleichtert die Arbeit.
An iomad lámh ghnídheas an obair éadtrom.
Irland – Ó Muirgheasa 1907: 212.

Jeder wird gelobt entsprechend seiner Arbeit.
Ef y molir pawb wrth ei waith.
Wales – *Peniarth 17* (Lewis 1929: 8); Salesbury 1547; Davies 1632; Howell 1659: 12.

Die Arbeit eines Mannes bekommt man nicht von einem Jungen.
Ni cheffir gwaith gwr gan was.
Wales – Davies 1632.

Besser stetige Arbeit als schwere Arbeit.
Is fheàrr sìor-obair na sàr-obair.
Schottland – Nicolson 1881: 249.

Die Arbeit wechseln ist so gut wie auszuruhen.
Mae newid gwaith cystal a gorffwys.
Wales – Roberts 1885: 160.

Das Ende eines Tages ist gut zum Feiern.
Diwedd dydd da fydd i fwyn.
Wales – *Englynion y Misoedd* (Jackson 1935a: 38 und 1935b: 73).

Besser Faulenzen als umsonst arbeiten.
Is fearr díomhaineach nà ag obair a n-asgaidh.
Irland – MacAdam 1858–62: 251. Ähnlich in Schottland (Nicolson 1881: 250), *Is fheàrr tàmh na obair an asgaidh.*

Armut und Not

Armut ist keine Schande.
Ní náire an bhochtannacht.
Irland – Bourke 1856: 181.

Besser arm als unaufrichtig.
Is feàrr a bhi bochd na bhi breugach.
Schottland – Macintosh 1785: 46.

Zwischen Armut und Reichtum liegt nur ein Jahr.
Chan fhuil eadra bochtanas is saidhbhreas acht bliadhain amháin.
Irland – Ó Muirgheasa 1907: 104.

Ein Mensch kann von wenig leben, doch nicht von gar nichts.
Is beò duine air beagan, ach cha bheò e gun dad idir.
Schottland – Nicolson 1881: 218.

Der Arme ist zufrieden mit dem, was er bekommt.
Is buidh le bocht a bh-faghann.
Irland – MacAdam 1858–62: 262.

Dem Bettler ist jeder Graben gemütlich.
Clyd pob clawdd i gardotyn.
Wales – Roberts 1885: 34.

Ein Armer hatte noch nie einen Freund.
Cha robh caraid riamh aig duine bochd.
Schottland – Macintosh 1785: 14.

Der Mann der leeren Börse macht nur wenig
Lärm im Wirtshaus.
Cha dèan fear a' sporain fhalaimh ach beag farum san taigh-òsda.
Schottland – Nicolson 1881: 93.

Bescheidenheit und Anmaßung

Die volle Ähre beugt das Haupt am tiefsten.
'Si an dìas is truime is isle chromas a cionn.
Irland – MacAdam 1858–62: 257; ebenso in Schottland (Macintosh 1785: 48).

Stehen ist größer, aber Sitzen vernünftiger.
Is e 'n seasamh a 's mò, ach 's e 'n suidhe 's ciallaiche.
Schottland – Nicolson 1881: 231.

Wer am leisesten spricht, hört am besten.
Am fear is ìsle bruidhinn, 's e 's fheàrr a chluinneas.
Schottland – MacDonald 1926: 71.

Sanfte Antwort erstickt den Zorn.
Múchadh feirge soifhreagra.
Irland – O'Rahilly 1922: 23 mit dem Hinweis auf *Sprüche* 15:1. Ähnlich in Schottland (MacDonald 1926: 33), *Brisidh an teanga bhog an cneadh.*

Je höher die Taube fliegt, desto sicherer fängt sie der Habicht.
Mar as àirde thèid an calman, 's ann as dòch' an t-seobhag breith air.
Schottland – Nicolson 1881: 310.

Wer zu hoch klettert, unter dem bricht der Zweig.
A ddringo yn rhy uchel fe dyr y brigyn dano.
Wales – Roberts 1885: 64.

In jedem Übermaß ist Anmaßung.
Ym mhob gormod y mae traha.
Wales – Roberts 1885: 38.

Klein ist nur, wer sich selbst für groß hält.
Nid bach ond a dybio ei hun yn fawr.
Wales – Roberts 1885: 178 mit der Variante *Bach pob dyn a dybio ei hun yn fawr* («Klein ist jeder, der sich selbst für groß hält»).

Wer sich selbst erniedrigt, wird erhöht werden,
und wer sich selbst erhöht, wird erniedrigt werden.
Ge b' e a dh'ìslicheas e fhèin, thèid àrdachadh, 's ge b' e
a dh'àrdaicheas e fhèin, thèid ìsleachadh.
Schottland – Campbell 1978: 191. Wörtlich, doch mit umgekehrter Reihenfolge, nach *Matthäus* 23:12 bzw. *Lukas* 14:11.

«War das nicht ich, die den Staub aufwirbelte?» –
sprach die Fliege, als die Kutsche vorüber war.
«Nach mise a thóg an dusta?» – ars' an chuileóg i ndiaidh an chóiste.
Irland – Ó Muirgheasa 1907: 166.

dummheit

Dummheit schafft Gefahr.
Ad-cota báes báegul.
Irland – *Bríathra Flainn Fhína* (Ireland 1999: 64).

Der Blindeste der Blinden: ein unverständiger Mensch.
Dallaf o'r dall, dyn diddeall.
Wales – Roberts 1885: 56.

Der größte Tor: der Missgünstige.
Ffolaf dyn, y cenfigenllyd.
Wales – Roberts 1885: 84.

Schnell ist das Urteil jedes Narren.
Moch barn pob ehud.
Wales – Davies 1632.

Stell den Dummkopf vor die Wahl, und er trifft die schlechteste.
Tabhair an rogha don m-bodach, agus 's è an d̀iogadh a thoghfaidh se.
Irland – MacAdam 1858–62: 230.

Ein schönes Versprechen erfreut den Dummkopf.
Addaw têg a wna ynfyd yn llawen.
Wales – Salesbury 1547; Davies 1632. Ähnlich in Schottland (Nicolson 1881: 205), *Glòir mhilis a mheallas an t-amadan* («Schöne Rede täuscht den Toren»).

Der Dummkopf lacht beim Ertrinken.
Chwerthin a wna ynfyd yn boddi.
Wales – Davies 1632; Howell 1659: 2.

Ein Dummkopf verbirgt nicht seine Meinung.
Cha cheil amadan a bheachd.
Schottland – Nicolson 1881: 88. Ebenso in Wales (Davies 1632), *Ni chêl ynfyd ei feddwl.*

Ein Dummkopf hat gewöhnlich Glück.
Bídh ádh air amadán.
Irland – Bourke 1856: 167; MacAdam 1858–62: 223.

Antworte dem Dummkopf seiner Dummheit entsprechend.
Ateb y ffôl yn ôl ei ffolineb.
Wales – Evans 1965: 23.

der einzelne und die gemeinschaft

Ein Mensch allein ist kein Mensch.
Cha duine duine na aonar.
Schottland – Nicolson 1881: 101.

Seinem Bruder kann man aus dem Weg gehen,
doch nicht seinem Nachbarn.
Seachnaidh duin' a bhràthair, ach cha seachain e choimhearsnach.
Schottland – Macintosh 1785: 60.

Ein Nachbar in der Nähe ist besser als ein weit entfernter Bruder.
Is fheàrr coimhearsnach am fagus na bràthair fad o làimh.
Schottland – Nicolson 1881: 244.

Ein Spiegel ist dem Menschen sein Nächster.
Drych i ddyn ei gydymaith.
Wales – Salesbury 1547; Davies 1632 (*Drych ei bob ei gymydog*, «Ein Spiegel ist jedem sein Nachbar»). Ähnlich in Schottland (Macintosh 1785: 39), *Is math an scàthan sùil caraid* («Das Auge eines Freundes ist ein guter Spiegel») und in Ulster (MacAdam 1858–62: 266).

Liebe deinen Nachbarn, doch behalte deinen Zaun.
Câr dy gymydog, ond cadw dy glawdd.
Wales – Evans 1965: 24 mit der Variante (26) *Cymydog da ydyw clawdd* («Ein Zaun ist ein guter Nachbar»).

Wie ein Mann sein Leben verbringt,
so urteilt er über seinen Nachbarn.
Mar a chaitheas duine a bheatha, bheir e breith air a chomhairsneach.
Schottland – Nicolson 1881: 310.

Wenn eine Kuh den Zaun niederreißt,
gehen zwölf durch die Lücke.
Nuair a bhristeas aon bhò an gàradh thèid a dhà dheug a-mach air.
Schottland – MacDonald 1926: 57.

Ein einziger Hund bringt alle Hunde des Dorfes zum Kläffen.
Bhéaraidh aon mhadadh amháin tafann ar mhadaidh an bhaile.
Irland – Ó Muirgheasa 1907: 220.

Der Dachs in seinem Bau erträgt nur sich selbst.
Chan fhuiling am broc na shloc ach e fhèin.
Schottland – Nicolson 1881: 119.

So viele Köpfe,
so viele Meinungen.
Cynifer pen, cynifer synnwyr.
Wales – Salesbury 1547.

Eltern, Kinder und Erziehung

Jede Mutter meint, die Sonne geht über ihrem Kind auf.
Síleann gach máthair gur ar a páisde féin éirgheas an ghrian.
Irland – Ó Muirgheasa 1907: 20.

Ob schwarz, ob grau, ob braun – die Ziege
liebt ihr eigenes Zicklein.
Ma's dubh, ma's odhar no donn, is d'a meannan fèin bheir
an gabhar a fonn.
Irland – MacAdam 1858–62: 280; ähnlich in Schottland (Macintosh 1785: 53).

Ist der Rabe auch schwarz, erscheinen ihm
seine Jungen doch weiß
Ge dubh am fitheach, 's geal leis isein.
Schottland – Macintosh 1785: 35. Ähnlich in Wales (Jones 1878: 295),
Gwyn y gwel y fran ei chiw, er bod ei liw yn loywddu.

Wie könnte der Apfel anders sein als der Baum?
Cionnus bheadh an t-ubhaillín acht mar bheadh an t-abhaillín?
Irland – O'Rahilly 1922: 4. Ähnlich in Wales (Evans 1965: 30),
Fel y bo'r pren y bydd y ffrwyth («Wie der Baum, so die Frucht»).

Was außer einem Kätzchen soll man von einer Katze erwarten?
Guid è bheitheà brath air chat acht pisín?
Irland – MacAdam 1858–62: 283.

Lahme Stute, lahmes Fohlen.
Casseg glôff, clôff ei hebol.
Wales – *Llyfr Gwyn Rhydderch* (Phillimore 1886: 140); *Peniarth 17*
(Lewis 1929: 6); Salesbury 1547; Davies 1632; Howell 1659: 2.

Nicht jeder Finger hat die gleiche Länge, und nicht jeder Sohn das gleiche Naturell.
Chan ionann fad do gach méar, nó méin do gach mac.
Irland – Ó Muirgheasa 1907: 20.

Eine gute Kuh hatte oft ein schlechtes Kalb.
Is minig a bha droch laogh aig deagh mhart.
Schottland – Nicolson 1881: 276.

Jeder Zögling wie man ihn aufzieht.
Gach dalta mar oiltear.
Irland – O'Rahilly 1922: 4 mit dem Hinweis darauf, dass hier *dalta* «Zögling» an die Stelle des weniger gebräuchlichen *ealta* «Küken» getreten ist; Bourke 1856: 172 mit der Variante *Gach leanbh mar oiltear, gach uige mar adhbhar* («Jedes Kind, wie es erzogen wird, jedes Tuch wie der Stoff»). Ähnlich in Schottland (Nicolson 1881: 189), *Gach eun mar a dh'oileanar* («Jeder Vogel, wie man ihn aufzieht»).

Das Kind tut, was das Kind sieht.
An nidh a chi an leanabh, 'sè a ghnidh an leanabh.
Irland – MacAdam 1858–62: 280. Ähnlich in Schottland (Nicolson 1881: 32), *An ni a chì na big, 's e a nì na big* («Die Kleinen tun, was die Kleinen sehen») und *An ni a chluinneas na big, 's e a chanas na big* («Die Kleinen reden, was die Kleinen hören»).

Das Kind, das sich selbst überlassen bleibt, macht seiner Mutter Schande.
An leanabh a dh'fhàgar dha fhèin cuiridh e a mhàthair gu nàire.
Schottland – Nicolson 1881: 30.

Wer die Rute schont, verwöhnt den Sohn.
An tè chaomhnas an t-slat, milleann se an mac.
Irland – MacAdam 1858–62: 280. Ähnlich in Wales (Roberts 1885: 86), *A eiriach ei wialen a ddifwyna ei fachgen* («Wer seinen Stock schont, verwöhnt seinen Sohn»), und in Schottland (Nicolson 1881: 192 mit dem Hinweis auf das biblische Vorbild in *Sprüche* 13:24), *Ge b' e a chaomhnas an t-slat, is beag air a mhac* («Wer den Stock schont, hasst seinen Sohn»).

Die Tochter ist das Ebenbild der Mutter.
Ail y fam fydd y ferch.
Wales – Evans 1965: 22 mit der Variante (40) *Mam yn ddrwg, merch yn waeth* («Schlimme Mutter, schlimmere Tochter»).

Fleißige Mutter macht faule Tochter.
Is i a' mhàthair èasgaidh a ni an nighean leisg.
Schottland – Macintosh 1785: 50.

Eine Ehefrau gebiert einen Sohn, doch Gott macht den Erben.
Beiridh bean mac, ach 's e Dia nì an t-oighre.
Schottland – Macintosh 1785: 10.

Erinnerung und Vergessen

Das beste Buch ist das Gedächtnis.
Gorau llyfr, cof.
Wales – Evans 1965: 31.

Aus dem Gesichtskreis, aus dem Sinn.
Allan o olwg, allan o feddwl.
Wales – Salesbury 1547; Davies 1632; Howell 1659: 5. Ähnlich in Ulster (MacAdam 1858–62: 283), *A bh-fad as amharc, a g-cian as intinn* («Weit aus dem Gesichtskreis, lange aus dem Sinn»), und in Schottland (Macintosh 1785: 32), *Fad o'n t-sùil, fad on chridhe.*

Ein armer Mann denkt nicht an seinen Hund, bevor sein Bauch voll ist.
Cha chuimhnich an dìtheach a chù, gus am bi a bhrù làn.
Schottland – Nicolson 1881: 91.

Besser sich an das Gute erinnern, das war, als an das Gute denken, das nicht ist und nicht sein wird.
Is fheàrr a bhi cuimhneachadh air a' mhath a bha, na bhi smaoineachadh air a' mhath nach eil 's nach bi.
Schottland – Nicolson 1881: 238.

Sieben Jahre im Gedächtnis
der Kuh, und bis zum Tag seines
Todes im Gedächtnis des Pferdes.
Seachd bliadhna an cuimhne na bà,
's gu là a bhàis an cuimhn' an eich.
Schottland – Nicolson 1881: 344.

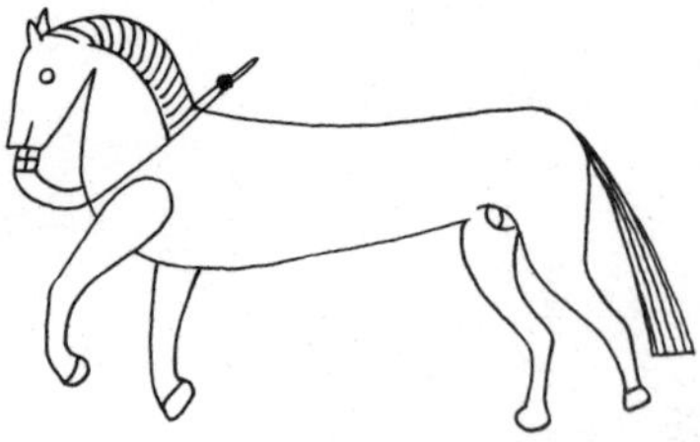

familie und verwandtschaft

Blut ist dicker als Wasser.
Is tibhe fuil nà uisge.
Irland – MacAdam 1858–62: 280; ähnlich in Schottland (Macintosh 1785: 50).

Ist mir mein Mantel nahe, so ist mir mein Hemd doch näher.
Ma's fogus damh mo chòta, is foisge nà sin damh mo lèine.
Irland – MacAdam 1858–62: 279. Ähnlich in Schottland (Nicolson 1881: 195), *Ge dlùth do dhuine a chòta, is dlùithe dha a lèine,* und in Wales (Salesbury 1547), *Nes i mi fy nghrys na'm pais* («Näher ist mir mein Hemd als mein Rock»). Nach Plautus, *Trinummus* 1154, *Tunica propior pallio est.*

Schutzlos ist eine Schulter ohne Bruder – öde ein Heim ohne Schwester.
Is maol guala gun bhràthair; is lom an làrach gun phiuthar.
Schottland – Nicolson 1881: 270.

Eine Tante ist eine zweite Mutter.
Eil fam modryb.
Wales – *Peniarth 17* (Lewis 1929: 8); Salesbury 1547; Davies 1632 (*Eil fam modryb dda,* «Eine gute Tante ist eine zweite Mutter»); Howell 1659: 3.

Die Schwiegermutter erinnert sich nicht,
dass sie einst Schwiegertochter war.
Ni chofia chwegr pan fu waudd.
Wales – Roberts 1885: 86.

Glaube nie der Tochter deines Schwiegervaters
(deiner Schwägerin).
Na chred byth ferch dy chwegrwn.
Wales – Roberts 1885: 88.

Ein schwarzes Schaf ist in jeder Herde.
Caora dhubh sa h-uile treud.
Schottland – Campbell 1978: 183.

Lieb ist einem Mann der Blutsverwandte, doch sein Herzblut ist der Ziehbruder.
'S caomh le fear a charaid, ach 's e smior a chridhe a chomhalta.
Schottland – Macintosh 1785: 21.

Folgerichtigkeit

Aus nichts kann man nicht etwas machen.
Gant netra na reer tra.
Bretagne – Sauvé 1878: 6.

Wo Rauch ist, ist Feuer.
Lle bo mwg y bydd tân.
Wales – Evans 1965: 38. Vgl. schon Plautus, *Curculio* 1,1,53 *Flamma fumo est proxima.*

Kein Garten ohne Unkraut.
Nid gardd heb ei chwyn.
Wales – Evans 1965: 47.

Vom Zaunkönig kam noch nie ein großes Ei.
Cha d'thàinig ugh mhòr riamh o'n dreathain.
Schottland – Macintosh 1785: 15.

Wo keine Auszeichnung ist, gibt es keine Missgunst.
Lle ni bo camp, ni bydd cenfigen.
Wales – Evans 1965: 38.

Wenn Flüche keinen Schaden anrichten, bringen Segenssprüche auch keinen Nutzen.
Mur eil cron sna mallachdan, chan eil math sna beannachdan.
Schottland – Campbell 1978: 201.

Wer sich mit den Hunden niederlegt, wird mit den Flöhen aufstehen.
An tè a luidheas leis na madraidh, èireochaidh se leis na dearnadaidh.
Irland – MacAdam 1858–62: 266.

Wer oft in der Mühle ist, an dem klebt der Mehlstaub.
Am fear a bhios tric anns a' mhuileann, leanaidh an sadach ris.
Schottland – Nicolson 1881: 12.

Wer sich in der Pfütze niederlegt, wird besudelt aufstehen.
Am fear a laigheas sa pholl, togaidh e an làthach.
Schottland – Nicolson 1881: 15.

Wer ein klappriges Boot segelt, läuft irgendwann einmal auf Grund.
Am fear a ruitheas an eathar shalach, thèid e air sgeir-mhara uaireigin.
Schottland – Nicolson 1881: 15.

Um einen Ochsen zu bekommen, muss man ein Kalb großziehen.
Rhaid magu lloi i gael ychen.
Wales – Jones 1878: 312.

Aus einem schmutzigen Herzen kommen keine reinen Gedanken.
Cha tig smaointean glan à cridhe salach.
Schottland – Nicolson 1881: 132.

Wo die Schößlinge nicht sind, werden die Nüsse nicht sein.
Far nach bi na failleanan, cha bhi na cnothan.
Schottland – Nicolson 1881: 180.

Wer die Hunde nicht füttert, dem fehlen sie am Jagdtag.
Ge b' e nach beathaich na coin, cha bhi iad aige latha na seilge.
Schottland – Nicolson 1881: 193.

Nach Wind kommt Regen.
An dèidh gaoithe thig uisge.
Schottland – Nicolson 1881: 28.

Was einer sät, das wird er ernten – wie die Dumme sagte, die Mehl aussäte.
An rud a chuireas duine 's e a bhuaineas e, mar a thuirt an òinseach a bha a' cur na mine.
Schottland – Nicolson 1881: 34. Die klassische Vorlage steht bei Cicero, *De oratore* 2, 261, *Ut sementem feceris, ita metes* («Wie du säst, so wirst du ernten»).

Frauen und Männer

Eine Frau versteht eine andere Frau.
Tuigidh bean bean eile.
Schottland – MacDonald 1926: 90.

Drei Arten von Männern, die keine Frauen verstehen:
Junge Männer, alte Männer und mittelalte Männer.
Trí shaghas fear go dteipeann ortha bean do thuisgint, – fir óga, fir aosda, agus fir mheadhon-aosda.
Irland – O'Rahilly 1922: 75.

Die drei Dinge, die auf der Welt am schwersten zu verstehen sind: die Gedanken der Frauen, die Tätigkeit der Bienen und der Wechsel der Gezeiten.
Na trí ruda is deacra do thuigsint san domhan, – inntleachd na mban, obair na mbeach, teacht is imtheacht na taoide.
Irland – O'Rahilly 1922: 73.

Drei Dinge, die sich in übles Gift verwandeln:
der Rat einer Frau, Mord und Verschwörung.
Tri pheth a dry dryg-wenwyn: cyngor gwraig, murn, a chynllwyn.
Wales – *Englynion y Misoedd* (Jackson 1935a: 38 und 1935b: 73).

Wo Frauen sind, sind Zaubermittel.
Far am bi mnaibh bithidh giseagan.
Schottland – Macintosh 1785: 33.

Wo Frauen sind, ist Geschwätz, und wo Gänse sind, ist Geschnatter.
An àit a m-biann mna biann caint, a's an àit a m-biann gèidh biann callàn.
Irland – MacAdam 1858–62: 278.

Was die Frauen nicht wissen, halten sie geheim.
An ni nach fios do na mnathan ceilidh iad.
Schottland – Nicolson 1881: 33.

Nichts ist schärfer als die Zunge einer Frau.
Ní 'l nidh níos géire ná teanga mná.
Irland – Bourke 1856: 181.

Viele Frauen reden viel.
Llawer a sieryd llawer o wragedd.
Wales – Evans 1965: 37.

Wäre der Fuß einer Frau so schnell wie die Zunge, bräuchte sich niemand einen Windhund zu halten.
Petai gwraig cyn gynted ar droed ag ar dafod, n byddai raid i neb gadw milgi.
Wales – Evans 1965: 51.

Drei Dinge, die sich oft ändern: der Mond, der Wind und der Sinn einer Frau.
Tri pheth a newidia'n fynych, – y lleuad, y gwynt a meddwl gwraig.
Wales – Evans 1965: 55.

Das Wesen einer Henne, eines Schweins und einer Frau: sie folgen ihrem eigenen Weg.
Nàdur circe, 's nàdur muice, 's nàdur mnà – gabhaidh iad an rathad fhèin.
Schottland – Nicolson 1881: 332.

Drei unlenkbare Dinge: Eine Frau, ein Schwein, und ein Maultier.
Trí nidh gan riaghail: bean, muc, is múille.
Irland – Ó Muirgheasa 1907: 2; ähnlich O'Rahilly 1922: 71, *Bean, muc, is múille, an triúr is deacra do mhúnad* («Eine Frau, ein Schwein, ein Maultier: Die drei, denen man am schwersten etwas beibringen kann»). Ähnlich in Wales (Jones 1879: 299), *Tri pheth ei ffordd a fyn: merch, mochyn a mul.*

Drei wirkungs- und nutzlose Dinge: ein Feuer anzünden auf einem See, einen Stein werfen gegen den Ozean, und einer wütenden Frau einen Rat geben. Das ist wie ein Hammerschlag auf kaltes Eisen.
Trí nidh gan tairbhe nó brígh: Fadughadh teineadh le loch, clagadradh cloch le cuan, comhairle thabhairt ar mhnaoi bhuirb. Is ionann sin is buille dh'ord ar iarann fhuar.
Irland – Ó Muirgheasa 1907: 2.

Der Fuß an der Wiege und die Hand am Spinnrocken – das Zeichen der guten Hausfrau.
Cas air creathaill, 's làmh an cuigeil, comharradh na deagh mhna-tighe.
Schottland – Nicolson 1881: 76.

Es gibt drei Arten von Frauen: Die Frau, die so schamlos ist wie ein Schwein, die Frau, die so störrisch ist wie eine Henne, und die Frau, die so sanft ist wie ein Lamm.
Tá trí saghas ban ann, – bean chomh mí-náireach leis an muic, bean chomh crostáltha leis an gcirc, agus bean chomh mín leis an úan.
Irland – O'Rahilly 1922: 72.

Freiheit und Zwang

Kein Leben ohne Freiheit
Nid bywyd heb ryddid.
Wales – Roberts 1885: 74.

Eine große Flotte mag zu weiter Fahrt auslaufen, doch kleine Boote müssen nah an der Küste segeln.
Faodaidh luingeas mòr dol air taisdeal fada, ach feumaidh sgothan beaga seòladh dlùth don chladach.
Schottland – Nicolson 1881: 177.

Wie du deine Suppe gekocht hast, musst du sie essen.
Fel y gwnai dy botes rhaid i ti ei fwyta.
Wales – Jones 1878: 291.

Von dem Bier, das einer sich selber braut, soll er auch ausreichend trinken.
An lionn a ni duine dha fhèin, òlaidh e a leòr dheth.
Schottland – Nicolson 1881: 31 mit der Variante *An lionn a rinn thu a d' dheoin, òlaidh tu a d' dhaindeoin deth* («Von dem Bier, das du freiwillig gebraut hast, wirst du auch unfreiwillig trinken»).

Wie du dein Bett machst, wirst du darauf liegen.
Fel y gwnai di dy wely y cei di orwedd arno.
Wales – Jones 1880: 314.

Wer immer sich den Hintern verbrennt, muss selbst darauf sitzen.
Fear sam bith a loisgeas a mhàs, 's e fhèin a dh'fheumas suidhe air.
Schottland – Nicolson 1881: 183.

Gottes Wille und Menschenwille sind zweierlei.
C'hoant Doue ha c'hoant den a zo daou.
Bretagne – Sauvé 1878: 28.

Was sein muss, muss sein.
An rud as eudar, 's eudar e.
Schottland – Nicolson 1881: 35.

Freunde und Freundschaft

Freundschaft ist besser als Reichtum.
Ferr sochraite slabrai.
Irland – *Bríathra Flainn Fhína* (Ireland 1999: 80).

Ein Freund ist besser als Bier.
Ferr carae cormaim.
Irland – *Bríathra Flainn Fhína* (Ireland 1999: 86).

Den echten Freund erkennt man in der Not.
Y câr cywir yn yr ing y gwelir.
Wales – *Llyfr Gwyn Rhydderch* (Phillimore 1886: 142); *Englynion Y Clyweit* (Williams u. Parry-Williams 1927: 12); Salesbury 1547; Howell 1659: 2. Ähnlich in Irland (Bourke 1856: 166), *Aithnighthear caraid a g-cruadhtan* («Einen Freund erkennt man in der Not»). Vgl. bereits Cicero, *De amicitia* 64, *Amicus certus in re incerta cernitur* sowie Petronius, *Satyricon* 61, *In angustiis amici apparent.*

In der Not ist der Freund das Beste.
Yn yr ing goreu yw y câr.
Wales – Roberts 1885: 8.

Besser Wasser von einem Freund bekommen,
als Wein von einem Verräter.
Digant mignon eo well kaout dour evit gwin digant traitour.
Bretagne – Sauvé 1878: 40.

Ein dummer Freund ist lästiger als ein weiser Feind.
Is draghaile caraid amaideach na nàmhaid glic.
Schottland – Nicolson 1881: 228.

Wehe dem, der schwache Freunde hat.
Is mairg aig am bi càirdean fann.
Schottland – Nicolson 1881: 270.

Wertlos ist die Freundschaft, die immer wieder erkauft werden muss.
Is suarach an càirdeas a dh'fheumas a shìor cheannach.
Schottland – Nicolson 1881: 288.

Häufiger Besuch entfremdet den Freund, und seltener Besuch entfremdet den Freund.
Call caraid taghal tric, 's call caraid taghal ainmig.
Schottland – Nicolson 1881: 75.

Wähle deine Gesellschaft, bevor du dich niedersetzt.
Togh do chuideachta sul a suidhfir.
Irland – O'Rahilly 1922: 7.

Wähle deine Gesellschaft, bevor du dein Getränk wählst.
Tagh do chomhluadar mun tagh thu d' òl.
Schottland – Nicolson 1881: 352.

Allein sein ist besser als schlechte Gesellschaft.
Is fheàrr aonrachd na droch chuideachd.
Schottland – Nicolson 1881: 248.

Geduld

Geduld ist ein Pflaster für jede Wunde.
Is ceirín do gach lot an fhoighde.
Irland – O'Rahilly 1922: 61. Vgl. bereits Publilius Syrus, *Sententiae* 100,12, *Cuivis dolori remedium est patientia.*

Geduld ist die Mutter aller Weisheit.
Amynedd yw mam pob doethineb.
Wales – Roberts 1885: 26.

Mächtig ist jeder Geduldige.
Cadarn pob amyneddus.
Wales – Roberts 1885: 26.

Die Stärke der Biene ist ihre Geduld.
Nerth y gwenynen ei hamynedd.
Wales – Roberts 1885: 26 mit den beiden Varianten *Nerth deddfol/synwyrol ei amynedd* («Die Stärke des Gesetzestreuen/Verständigen ist seine Geduld»).

Stück für Stück dringt der Keil ins Holz.
Pob yn ddryll yr â'r aing yn y pren.
Wales – Roberts 1885: 130.

Häufiges Schlagen bricht den Stein.
Aml gnoc a dyr y garreg.
Wales – Jones 1877: 362; ähnlich Evans 1965: 28, *Dyfal donc a dyr y garreg.*

Ganz allmählich macht die Spindel das Garn.
Nebeut-ha-nebeut hinkin a ra neud.
Bretagne – Sauvé 1978: 10.

Haar für Haar wird der Kopf kahl.
O flewyn i flewyn yr â'r pen yn foel.
Wales – Salesbury 1547.

Rom wurde nicht an einem Tag erbaut.
Cha do thogadh an Ròimh an aon latha.
Schottland – Campbell 1978: 184.
Ebenso in Wales (Salesbury 1547).

Kleine Steine bauen Burgen.
Tógann mion-chlocha caisléin.
Irland – Ó Muirgheasa 1907: 66 mit der Variante *Chan iad na clocha móra amháin thógas na caisléin* («Es sind nicht nur die großen Steine, die die Burgen bauen»).

Wer lange an der Fähre ausharrt, wird irgendwann einmal übersetzen.
Am fear a bhios fad aig an aiseig, gheibh e thairis uaireigin.
Schottland – Macintosh 1785: 3.

Wer immer wieder mit seinem Netz ausfährt, fängt irgendwann einmal Fische.
Am fear a thèid a ghnàth a-mach le lìon, gheibh e iasg uaireigin.
Schottland – Nicolson 1881: 17.

Geld

Für Geld bekommt man alles.
Ceir pob peth am arian.
Wales – Roberts 1885: 60.

Der beste Freund: ein Silberling.
Goreu cyfaill, bathodyn.
Wales – Roberts 1885: 60.

Der Taube hört den Klang des Geldes.
Cluinnidh am bodhar fuaim an airgid.
Schottland – MacDonald 1926: 38.

Geld ist ein Aal im Wasser.
Llysywen mewn dwfr yw arian.
Wales – Roberts 1885: 62.

Ein Narr und Geld sind nicht lange zusammen.
Ní bhidheann airgiod a's amadán a bhfad le chéile.
Irland – Bourke 1856: 180.

Gesundheit und Krankheit

Wer Gesundheit will, soll fröhlich sein.
A fynno iechyd, bid lawen.
Wales – Davies 1632; Howell 1659: 5.

Ein Mann weiß selbst am besten, wo der Schuh ihn drückt.
Ag duine féin is fearr fhios cá luigheann a bhròg air.
Irland – O'Rahilly 1922: 12. Ebenso in Schottland (Nicolson 1881: 212), *Is ann aig duine fhèin is fheàrr a tha fios càit am beil a bhròg ga ghoirteachadh,* und in Wales (Jones 1880: 331), *Y sawl sydd yn gwisgo'r esgid a wyr pa le y mae yn gwasgu.*

Besser Gesundheit in Armut als Rinderherden auf den Hügeln.
Is fearr a n-slàinte bhocht nà na tàinte air chnoc.
Irland – MacAdam 1858–62: 251.

Kraft verhindert nicht Krankheit.
Ni ludd nerth afiechyd.
Wales – Roberts 1885: 16.

Was Butter oder Whisky nicht heilen, ist unheilbar.
An rud nach léigheasann im nó uisge beatha, níl léigheas air.
Irland – Ó Muirgheasa 1907: 92.

Das Huhn klagt nicht, wenn der Habicht krank ist.
Ni chŵyn yr iar fod y gwalch yn glaf.
Wales – Salesbury 1547; Davies 1632.

Gleich und verschieden

Eisen schärft Eisen.
Haearn a hoga haearn.
Wales – Evans 1965: 34.

Ein Keil aus ihr selbst spaltet die Eiche.
Geinn dheth fhèin a sgoilteas an darach.
Schottland – Nicolson 1881: 202; ähnlich Campbell 1978: 195.

Die Lösung jedes Problems liegt in ihm selbst.
Tá fuasgladh gach ceiste innti féin.
Irland – Ó Muirgheasa 1907: 212.

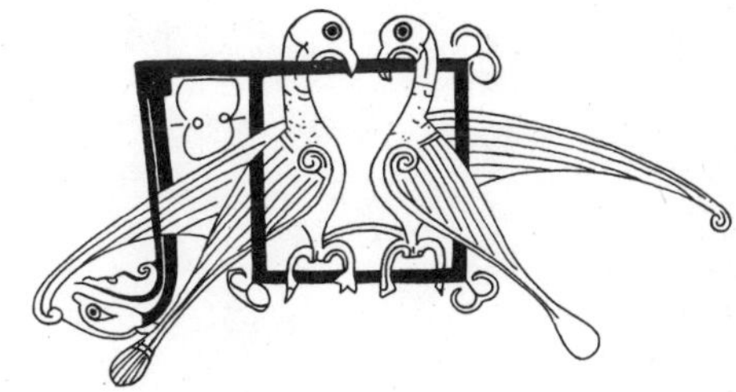

Jeder Vogel fliegt zu
seinem Schwarm.
Druididh gach eun ri a ealtainn.
Schottland – Nicolson 1881: 169.

Es ist kein Wunder,
wenn ein Schwachkopf einer Närrin den Hof macht.
Is beag an t-iongnadh amadan a bhi leannanachd ri òinsich.
Schottland – Nicolson 1881: 217.

Das Hinken eines Hundes, die Ausreden
von Frauen und die Beteuerungen eines Händlers –
die ähneln einander.
Crùbaiche coin, leisgeul bhan, 's mionnan marsanta – tha iad coltach ri chèile.
Schottland – Nicolson 1881: 156.

Ein gerader Schößling kann krumme Wurzeln haben.
Faodaidh freumhan cam a bhi aig faillean dìreach.
Schottland – Nicolson 1881: 177.

Es gibt mancherlei Musikinstrumente – sagte der Mann mit der Holztrompete.
Is iomadh glèus ceòil a bhios ann, ars' a fear a robh an trumpa maide aige.
Irland – MacAdam 1858–62: 233.

Glück

Drei Töchter, die zum Glück noch Liebe hinzufügen: Schweigsamkeit, Fleiß, Aufrichtigkeit.
Trí hingena berta seirc do cháintocud: túa, éscuss, idnae.
Irland – *Trecheng Breth Féne* (Meyer 1906: 14).

Wessen Wort kein Wort ist, dessen Glück ist kein Glück.
Am fear nach guth a ghuth, cha rath a rath.
Schottland – Nicolson 1881: 23.

Besser Glück haben als sich anstrengen.
Is fheàrr a bhi sona na bhi saothaireach.
Schottland – Nicolson 1881: 239.

Besser Glück haben als früh aufstehen.
Is fearr àgh maith nà èirigh go moch.
Irland – MacAdam 1858–62: 223.

Besser spät Glück haben als gar kein Glück.
Is fheàrr piseach anmhoch na bhi gun phiseach.
Schottland – Nicolson 1881: 249.

Gott

Gott ist gut und die Ewigkeit lang.
Da yw Duw, a hir yw bŷth.
Wales – Salesbury 1547, Davies 1632; Howell 1659: 2.

Gott sieht auf die Bedürftigen.
Golwg Duw ar dylodion.
Wales – *Englynion y Misǫedd* (Jackson 1935 a: 41 und 1935 b: 74).

Gottes Auge ist offen, wenn des Menschen Auge geschlossen ist.
Lagad an den pa eo serret, lagad Doue 'zo digoret.
Bretagne – Sauvé 1878: 30.

Gottes Auge ruht auf einem Abkommen.
Llygad Duw ar ymrwymiad.
Wales – Roberts 1885: 10.

Gottes Hilfe ist näher als die Tür.
Giorra cabhair Dé ná an doras.
Irland – O'Rahilly 1922: 1; Bourke 1856: 175; Ó Muirgheasa 1907: 12.

Gottes Hand ist über jedem.
Tá lámh Dé os cionn gach duine.
Irland – Ó Muirgheasa 1907: 20.

Gottes Schutz ist der beste Schutz.
Goreu nawdd, nawdd Duw.
Wales – Roberts 1885: 24.

Gott liebt den, der sich selbst liebt.
Duw a gâr a garo ei hunan.
Wales – Roberts 1885: 78.

Gott hilft dem, der sich selbst hilft.
Cuidigheann Dia leis an tè a chuidigheann leis fèin.
Irland – MacAdam 1858–62: 181; ähnlich in Schottland (Macintosh 1785: 18), *Cuidich fèin leat, is cuidichidh Dia leat* («Hilf dir selbst, und Gott wird dir helfen»).

Gott hält vor niemandem das zurück, was gut für ihn ist.
Ni cheidw Duw rhag neb yr hyn fo dda iddo.
Wales – Roberts 1885: 116.

Gott machte den Rücken passend zur Last.
Rinne Dia an druim do'n ualach.
Irland – Ó Muirgheasa 1907: 14.

Wen Gott liebt, den züchtigt er.
A garo Duw a gospa.
Wales – Roberts 1885: 88.

Der Mensch spricht, Gott richtet.
Duw a farn, dyn a lefair.
Wales – *Englynion y Misoedd* (Jackson 1935a: 40 und 1935b: 74); Salesbury 1547. Die Variante *Duw a fedd, dyn a lefair* («Der Mensch spricht, Gott ist mächtig») im *Llyfr Du o'r Waun* (Williams 1927: 22) sowie bei Davies 1632 und Howell 1659: 12. Bei Letzterem auch die im Deutschen geläufige Variante *Dyn a feddylia, Duw a lywodraetha* («Der Mensch denkt, Gott lenkt»).

Es gibt keine Vergeltung außer Gott.
Namyn Duw nid oes dial.
Wales – *Llyfr Coch Hergest* (Jackson 1935a: 31 und 1935b: 67).

Weh dem, den Gott straft und der nicht glaubt.
Gwae a gawdd Duw ac nis cred.
Wales – Salesbury 1547; Davies 1632; Howell 1659: 15.

Gottes Mühle ist langsam, sie mahlt jedoch fein.
Sie wartet geduldig und erfasst alles.
Tá muileann Dé mall, acht meileann sé go mín. Fanainn sé le foighid, is glacann sé an t-iomlán.
Irland – Ó Muirgheasa 1907: 16.

Gottes Vergeltung ist langsam und sicher.
Is mall 's is díreach díoghaltas Dé.
Irland – Bourke 1856: 175.

Gott hasst den Spötter.
Tá fuath Dé ag an té a bhíos ag magadh.
Irland – Ó Muirgheasa 1907: 216.

An dem, was Gott nicht geschenkt, hat man nicht lange Freude.
An rud nach do bhuilich Dia chan fhad a mhealar e.
Schottland – Nicolson 1881: 35.

Gott hat uns gegeben, Gott hat uns genommen:
Sein Wille geschehe.
Chuir Dia chugainn, thug Dia uainn:
Go ndéantar a thoil.
Irland – Ó Muirgheasa 1907: 14. Nach *Hiob* 1:21.

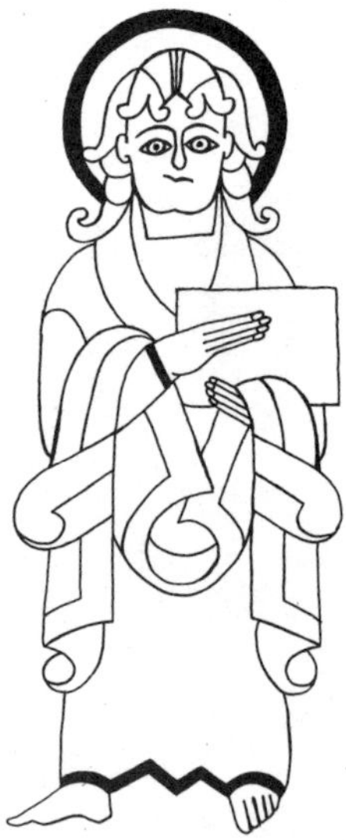

Gottes Gnade ist zwischen dem Sattel
und dem Erdboden.
Bíonn grásta Dé idir an diallaid is an talamh.
Irland – Ó Muirgheasa 1907: 14.

Ohne Gott, ohne irgend etwas.
Heb Dduw, heb ddim.
Wales – Salesbury 1547.

Jeder für sich und Gott für uns alle.
Pawb drosto ei hun a Duw drosom ni i gyd.
Wales – Jones 1880: 324.

Wen Gott nicht lehrt, den lehrt kein Mensch.
Am fear nach teagaisg Dia cha teagaisg duine.
Schottland – Nicolson 1881: 23.

Gott ist gütig und gnädig, Gott ist großzügig in der Not.
Doch der Gott von Connacht ist nicht der großzügige
Gott von Ulster.
Atá Dia tiodhlachtach, tabhartach, Atá Dia farsaing a g-cumhgach;
Acht ní h-ionan bhúr n-Dia a g-Connacht, A's Dia farsaing na n-Ulltach.
Irland – Bourke 1856: 167.

Großzügigkeit und Geiz

Großzügigkeit erzeugt Reichtum.
Ad-cota socell saidbres.
Irland – *Bríathra Flainn Fhína* (Ireland 1999: 62).

Drei Dinge, die man nicht lernen kann: Stimmgewalt, Großzügigkeit, Dichtung.
Trí nithe nách féidir fhoghlaim, – guth, féile, agus filidheacht.
Irland – O'Rahilly 1922: 74.

Wer ein Geschenk bringt, findet eine offene Tür.
A ddyco rodd a gaiff ddrws agored.
Wales – Evans 1965: 21.

Dem Geizigen ist seine Börse ein Gott.
Duw fydd i gybydd ei god.
Wales – Roberts 1885: 92.

Dem Geizigen erscheint Fülle wie Armut.
Amledd cybydd ys tlodi arno.
Wales – Roberts 1885: 92.

Gier bricht sich den Hals
Awydd a dyrr ei wddf.
Wales – Davies 1632; Howell 1659: 2.

Wer seine Börse nicht öffnet, öffnet den Mund.
Am fear nach fhosgail a sporan, fosglaidh e bheul.
Schottland – Nicolson 1881: 22.

Gut und Böse

Lange leben ist gut – auf gute Weise leben ist besser.
Mad eo bevañ pell; bevañ mad a zo well.

Bretagne – Sauvé 1878: 30. Vgl. bereits Seneca, *Epistulae morales* 70,4, *Non vivere bonum est, sed bene vivere* («Nicht zu leben ist ein Gut, sondern auf gute Weise zu leben»).

Gut schafft Gutes, Böse schafft Böses.
Gnidheann maith maitheas, gnidheann olc olc.

Irland – Bourke 1856: 173.

Nutzlos und eine Zeitverschwendung ist es, das Gute zu lernen ohne es zu tun.
Didalvez eo ha koll amzer deskinñ ar mad hep hen ober.

Bretagne – Sauvé 1878: 18.

Meide Böses und tu Gutes.
Gochel ddrwg a gwna daioni.

Wales – Jones 1880: 315.

Meide das Böse, und das Böse meidet dich.
Seachain an t-olc agus seachnaidh an t-olc thu.

Schottland – Nicolson 1881: 344.

Das Böse bleibt nicht verborgen, wo immer es ist.
Nid ymgel drwg yn lle y bo.

Wales – *Llyfr Coch Hergest* (Jackson 1935a: 23 und 1935b: 59); ähnlich in Schottland (Macintosh 1785: 28), *Chan eil cleith air an olc, ach gun a dhèanamh* («Das Böse bleibt nicht verborgen, außer man unterlässt es»).

Lang sind die Folgen der bösen Tat.
Fada iarsma na droichbheirte.
Irland – O'Rahilly 1922: 3.

Wer selbst nichts Böses im Sinn hat, fühlt nicht das Böse eines anderen Mannes.
Am fear nach bi olc na aire, cha smaoinich e olc fir eile.
Schottland – Macintosh 1785: 3.

Flink ist jeder Fuß hin zum Bösen.
Gwisgi pob troed at y drwg.
Wales – Roberts 1885: 46.

heim, heimat und fremde

Jedermanns Burg: sein Haus.
Castell pawb, ei dy.
Wales – Evans 1965: 25.

Liebe dein Land und weile darin.
Car dy wlad a thrig ynddi.
Wales – Jones 1880: 312.

Wenn man überall gewesen ist, richtet man den Blick gern nach Hause.
Pan darffo treiglo pob tre, da yw edrych tuag adre.
Wales – Howell 1659: 1; Roberts 1885: 80.
Ähnlich schottisch-gälisch (Macintosh 1785: 7), *Am fear as fhaide chaidh on tigh, 's e an ceòl bu bhinne chual e riamh, dol dachaidh* («Wer am weitesten von zu Hause wegging, dem klang es am schönsten, nach Hause zu gehen»).

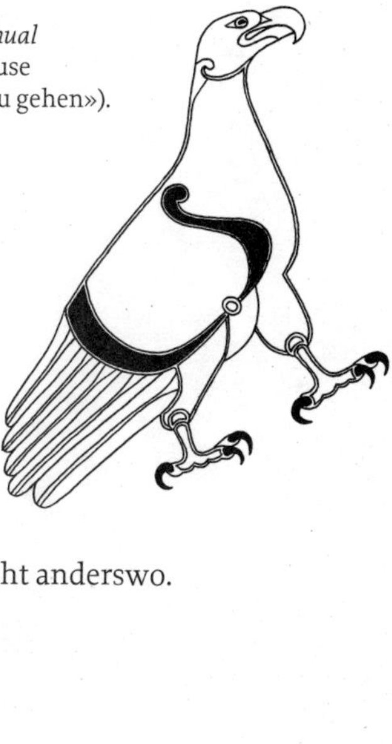

Wohl klingt jeder Vogel in seinem eigenen Wald.
Is binn gach eun na dhoire fhèin.
Schottland – Nicolson 1881: 218.

Ein Mann lebt lange in seiner Heimat.
Buan fear 'na dhúthaig.
Irland – O'Rahilly 1922: 6.

Wer nicht zu Hause pflügt, pflügt auch nicht anderswo.
Am fear nach treabh aig baile, cha treabh e as.
Schottland – Macintosh 1785: 8.

Niemand ist Prophet in seinem eigenen Land.
Nid proffwyd neb yn ei wlad ei hun.
Wales – Salesbury 1547; Davies 1632; Howell 1659: 26. Vgl. *Matthäus* 13:57 und *Johannes* 4:4.

Ein Mädchen liebt keinen Jungen aus ihrem Dorf.
Ni châr morwyn mab o'i thref.
Wales – Roberts 1885: 78.

Suche einen Unverständigen überall, nur nicht zu Hause.
Cais annoeth ym mhob man, eithr yn nghartref.
Wales – Roberts 1885: 80.

Es gibt keine Heimat außer dem Himmel.
Nid tref ond nef.
Wales – Roberts 1885: 80.

Wer seine Heimat nicht liebt, erlangt nicht den Himmel.
Ni charo ei dref, ni cheiff y nef.
Wales – Roberts 1885: 80 mit der Variante *Ni charo ei gartref yn y byd hwn, ni cheiff gartref yn y byd a ddaw* («Wer seine Heimat in dieser Welt nicht liebt, erlangt keine Heimat in der kommenden Welt»).

heirat und ehe

Eine gute Ehefrau ist der Anfang des Glücks.
Tosach sothcaid dagben.
Irland – *Bríathra Flainn Fhína* (Ireland 1999: 78) mit der Variante *Tosach dotchcaid drochben* («Eine schlechte Ehefrau ist der Anfang des Unglücks»).

Wehe der Frau, die einen schlechten Ehemann bekommt.
Gwae wreig a gaffo drygwr.
Wales – *Llyfr Gwyn Rhydderch* (Phillimore 1886: 141); *Llyfr Coch Hergest* (Jackson 1935a: 23 und 1935b: 59).

Wehe dem Mann, der eine schlechte Ehefrau bekommt.
Gwae wr a gaffo drygwreig.
Wales – *Llyfr Gwyn Rhydderch* (Phillimore 1886: 141); *Llyfr Coch Hergest* (Jackson 1935a: 23 und 1935b: 59); Salesbury 1547; Davies 1632; Howell 1659: 15.

Die Ehefrau ist eines Mannes Glück oder Unglück.
Is e fortan no mìfhortan fir bean.
Schottland – Nicolson 1881: 233.

Heirat ernüchtert Liebe.
Socraichidh am pòsadh an gaol.
Schottland – Nicolson 1881: 349.

Wer eine Frau heiratet, heiratet Ärger.
Am fear a phòsas bean, pòsaidh e dragh.
Schottland – Nicolson 1881: 15.

Es ist noch keiner ohne Lob gestorben oder weggezogen, und es hat noch keiner ohne Tadel geheiratet.
Cha deach eug no imrich nach d'fhuair moladh, 's cha do phòs nach d'fhuair càineadh.
Schottland – Nicolson 1881: 91.

Willst du gelobt werden, stirb; willst du getadelt werden, heirate.
Ma's math leat do mholadh, faigh bàs; ma's math leat do chàineadh, pòs.
Schottland – Nicolson 1881: 307.

Es gibt niemand auf Erden, der nicht irgendwo den findet, der zu ihm passt.
N'eus den ebet war an douar na gav un tu bennak e bar.
Bretagne – Sauvé 1878: 18.

Besser streiten als einsam sein.
Is féarr a bheith i gcorruidhe nó a bheith uaigneach.
Irland – Ó Muirgheasa 1907: 234.

Eine kluge Ehefrau ist besser als ein Pflug und ein Stück Land.
Is fheàrr bean ghlic na crann agus fearann.
Schottland – Nicolson 1881: 243.

Wähle deine Frau so, wie du dir deine Kinder wünschest.
Tagh do bhean mar as math leat do chlann.
Schottland – Nicolson 1881: 352.

Wähle die Tochter der guten Mutter, und wäre der Teufel ihr Vater.
Tagh nighean na dèagh mhàthar, ged a b' e 'n Donas a b' athair dhi.
Schottland – Nicolson 1881: 354. Vgl. Campbell 1978: 191, *Gabh nighean na dèagh-mhàthar, ged a b' e ceàrd a b' athair dhi* («Nimm die Tochter der guten Mutter, und wäre ein Kesselflicker ihr Vater»).

Nimm eine Frau aus der Hölle, und sie holt dich zu ihr nach Hause.
Thoir bean à Ifrinn, 's bheir i dh' a tigh fhèin thu.
Schottland – Nicolson 1881: 367.

Wer um der Mitgift willen heiratet, verkauft seine Freiheit.
Am fear a phòsas airson earrais, tha e a' reic a shaorsa.
Schottland – Nicolson 1881: 15.

Besser ein Hummer als ohne Ehemann.
Is feàrr an giomach na bhi gun fhear.
Schottland – Macintosh 1785: 41; ähnlich Campbell 1978: 196.

Eine schlechte Ehefrau nimmt jedermanns Rat an,
außer dem ihres Ehemannes.
Glacann droch-bhean comhairle gach fir acht a fir fèin.
Irland – MacAdam 1858–62: 279.

Einer Ehefrau Rat ist wenig wert, doch wehe dem Mann,
der ihn nicht annimmt.
Bychan y tâl cynghor gwraig, ond gwae i wr nas cymero.
Wales – Roberts 1885: 106.

Mit einer bösen Ehefrau wird jeder fertig – außer ihrem Ehemann.
Ceannsaighidh na h-uile fear an droch bhean, ach am fear aig am bi i.
Schottland – Macintosh 1785: 16.

Wer schlecht von seiner Frau spricht, bringt sich selbst in Verruf.
Am fear a labhras olc mu mhnaoi, tha e a' cur mì-chliù air fhèin.
Schottland – Nicolson 1881: 15.

Lang ist die Nacht bis zum Morgengrauen für den Mann
der bösen Ehefrau.
Is fad' an oidhche gu latha do fhear na droch mhnatha.
Schottland – Nicolson 1881: 235.

himmel und hölle

Viele sind berufen, aber wenige sind auserwählt.
Mòran air an gairm ach beagan air an taghadh.
Schottland – Campbell 1978: 201.
Wörtlich nach *Matthäus* 22:14.

Wer ihn nicht sucht, dem wird der Himmel nicht gegeben.
Ni roddir nef i'r neb nis cais.
Wales – Evans 1965: 45.

Reichtum bringt dich nicht in den Himmel.
Cha dtugann a' saidhbhreas 'un na bhflaitheas thú.
Irland – Ó Muirgheasa 1907: 102.

Leiden sind die Stufen der Leiter, die zum Himmel führt.
Trallodion yw ffyn yr ysgol sydd yn esgy i'r nef.
Wales – Roberts 1885: 8.

Wer der Kirche am nächsten, ist dem Paradies am fernsten.
A fo nessaf i'r eglwys sydd pellaf oddiwrth baradwys.
Wales – *Llyfr Gwyn Rhydderch* (Phillimore 1886: 139); *Peniarth 17* (Lewis 1929: 2); Salesbury 1547; Davies 1632; Howell 1659: 5.

Die Hölle wird gefüllt mit schönen Versprechen.
Ni llenwir uffern eithr âg addewidion da.
Wales – Roberts 1885: 10.

Höflichkeit

Die drei Grobiane der Welt: Ein Junger, der einen Alten verspottet, ein Gesunder, der einen Kranken verspottet, ein Kluger, der einen Dummen verspottet.
Trí buirb in betha: óc contibi sen, slán contibi galarach, gáeth contibi báeth.
Irland – *Trecheng Breth Féne* (Meyer 1906: 10).

Besser gutes Benehmen als Schönheit.
Fearr béasa ná bréaghthacht.
Irland – O'Rahilly 1922: 6.

Schlechte Gesellschaft verdirbt gutes Benehmen.
Millidh droch chomhluadar dèagh bheusan.
Schottland – Nicolson 1881: 316.

Gutes Benehmen hat noch niemandes Schädel zerbrochen.
Cha do bhrist modh ceann duine riamh.
Schottland – Nicolson 1881: 97.

Ein kurzer Besuch ist am besten.
Cuairt geárr i'sí is feárr.
Irland – Bourke 1856: 169.

Spiele, ohne zu verletzen, und scherze, ohne zu beschämen.
Chwarae ac na friw, cellwair ac na chywilyddia.
Wales – Salesbury 1547; Davies 1632; Howell 1659: 2.

Wenn der Spaß am größten ist, soll man damit aufhören.
Nuair as motha am beadradh, 's ann is còir sgur dheth.
Schottland – Campbell 1978: 203. Ähnlich in Wales (Salesbury 1547), *Pan fo tecaf y chwarae, tecaf bydd peidio* («Wenn das Spiel am schönsten ist, ist das Aufhören am schönsten»).

Die beste Freundlichkeit: auf einen Fehler hinzuweisen.
Goreu cymwynas, dangos bai.
Wales – Roberts 1885: 96.

Wer höflich ist, ist zu jedermann höflich.
Am fear a bhios modhail, bidh e modhail ris a h-uile duine.
Schottland – MacDonald 1926: 70.

Kratze einem gemeinen Kerl den Hintern, und er scheißt dir in die Hand.
Cos din taeog, ynteu a gach i'th fos.
Wales – *Peniarth 17* (Lewis 1929: 6); Salesbury 1547; Davies 1632; Howell 1659: 9 (wobei das zunehmend ungebräuchliche *bos* «Hand» in den gedruckten Fassungen durch *dwrn* «Faust» ersetzt wurde).

Hoffnung

Die beste Arbeit ist Hoffen.
Gorau gwaith, gobeithio.
Wales – Evans 1965: 31.

Ohne Hoffnung bricht das Herz.
Gobaith oni bo, fe dyr y galon.
Wales – Evans 1965: 31.

Für den Mann auf See gibt es Hoffnung, doch nicht für den auf dem Friedhof.
Bidh dùil ri fear-fairge, ach cha bhi ri fear-rèilge.
Schottland – Nicolson 1881: 65.

Es gibt ebenso viele Bäume im Wald wie jemals gefällt wurden.
Mae cystal coed yn yr allt ag a dorrwyd.
Wales – Evans 1965: 39.

Es gibt ebenso viele Fische im Meer wie jemals gefangen wurden.
Mae cystal pysgod yn y môr ag a ddaliwyd.
Wales – Evans 1965: 39.

Das Pferd sieht den Hafer, doch nicht den Zaun.
Y march a wêl yr yd, ac ni wêl y cae.
Wales – *Llyfr Gwyn Rhydderch* (Phillimore 1886: 142); Salesbury 1547; Davies 1632; Howell 1659: 21.

Zu viel Hoffnung trügt.
Gormod gobaith twylla.
Wales – Evans 1965: 32.

Hoffnung ohne Anstrengung: Eine Reise ohne Schiff.
Gobaith heb gais, mordwy heb long.
Wales – Roberts 1885: 156.

Hunger

Hunger ist eine gute Beilage.
Maith an t-annlan an t-ocrus.
Irland – Bourke 1856: 178; MacAdam 1858–62: 250. Ähnlich in Wales (Evans 1965: 31), *Gorau amheuthun, chwant bwyd* («Der beste Leckerbissen ist der Hunger»). Vgl. bereits Cicero, *De finibus* 2,90, *Cibi condimentum fames est.*

Hunger ist ein guter Koch.
Is math an còcaire an t-acras.
Schottland – Macintosh 1785: 51.

Lieber einen halben Laib als ohne Brot.
Fearr leath-bhairghean ná bheith gan aran.
Irland – O'Rahilly 1922: 41. Ähnlich MacAdam 1858–62: 250.

Wenn das Essen am knappsten ist, schmeckt es am besten.
Nuair is gainne an meas, is féarr a bhlas.
Irland – Ó Muirgheasa 1907: 86.

Ein Tisch ist kein Tisch ohne Brot, doch Brot ist selbst schon ein Tisch.
Cha bhòrd bòrd gun aran, ach 's bòrd aran leis fhèin.
Schottland – Nicolson 1881: 383.

Besser ohne Abendbrot schlafen gehen als mit Schulden aufstehen.
Is fheàrr dol a laidhe gun suipeir na èirigh ann am fiachan.
Schottland – Nicolson 1881: 245.

Ein Mensch lebt, auch wenn er nicht satt ist.
Is beò duine ged nach sàthach.
Schottland – Nicolson 1881: 218.

Jeder Hungrige ist zornig.
Digllon pob newynog.
Wales – Roberts 1885: 36.

Bei Hunger gibt es keine Scham.
Rhag newyn nid oes wyled.
Wales – *Llyfr Coch Hergest* (Jackson 1935a: 29 und 1935b: 65). Ähnlich in Schottland (Nicolson 1881: 84), *Chan eil nàir' air a' ghortach* («Der Hungrige hat keine Scham»).

Ein leerer Sack bleibt nicht stehen.
Cha sheas poca falamh.
Schottland – Nicolson 1881: 128.

Leerer Bauch schläft nicht.
Ni chwsg gwag fol.
Wales – Roberts 1885: 90.

Vom Reden wird der Bauch nicht voll.
Cha lìontar an bolg le caint.
Irland – MacAdam 1858–62: 261.

Ein Segen füllt keinen Bauch.
Cha lìonann beannacht bolg.
Irland – MacAdam 1858–62: 285; ähnlich in Schottland (Macintosh 1785: 23), *Cha lìon beannachd brù.*

Die satte Sau hört nicht das Quieken der hungrigen.
Ni chlyw yr hwch lawn wich y wag.
Wales – Jones 1880: 321.

Iss nur, um deinen Hunger zu stillen.
Na fwyta ond i dorri newyn.
Wales – Evans 1965: 42.

Jugend und Alter

Jugend begehrt Jugend, Alter zieht es zum Alter.
Ifanc, ifanc a ofyn: Henaint, at henaint y tyn.
Wales – Evans 1965: 36.

Der Alte weiß, und der Junge meint.
Yr hen a ŵyr a'r ieuanc a dybia.
Wales – Roberts 1885: 170.

Auf junge Schultern setzt man schwerlich einen alten Kopf.
Anodd rhoddi hen ben ar ysgwyddau ifanc.
Wales – Jones 1877: 363.

Im Alter fühlt man Schläge, die man in der Jugend empfing.
Hen y teimler ergydion a gaed yn ieuanc.
Wales – Roberts 1885: 180.

Die Jugend glaubt nicht, dass das Alter kommt, und das Alter glaubt nicht, dass der Tod kommt.
Cha chreid an òige gun tig an aois, 's cha chreid an aois gun tig am bàs.
Schottland – Nicolson 1881: 90.

Eine Wasserblase ist das Versprechen des Jungen.
Ewyn dwfr addewid gwas.
Wales – Roberts 1885: 8.

Wenn der Alte hinfällt, lacht der Junge.
Am gwymp hên y chwardd ieuanc.
Wales – Salesbury 1547; Davies 1632; Howell 1659: 2; ähnlich schon im *Llyfr Coch Hergest* (Jackson 1935a: 28 und 1935b: 64).

Ein alter Hund spielt nicht mit einem Welpen.
Ny chwerŷ hên gi a chenau.
Wales – Howell 1659: 1.

Alte Katze verbrennt sich nicht.
Cha loisg seann chat e fhèin.
Schottland – Nicolson 1881: 103. Ebenso in Ulster (Ó Muirgheasa 1907: 68).

Einen alten Vogel fängt man nicht mit Spreu.
Cha gheabhar sean-éan le cáith.
Irland – Ó Muirgheasa 1907: 66.

Je älter der Bock, desto härter das Horn.
Mar as sine am boc, 's ann as cruaidhe 'n adharc.
Schottland – Nicolson 1881: 311.

Das Beste am Alten ist sein Rat.
Goreu ar hen, ei gynghor.
Wales – Roberts 1885: 176.

Das Alter ist eine schwere Bürde.
Is trom an t-uallach an aois.
Schottland – Nicolson 1881: 293.

Das Alter kommt durchaus nicht allein.
Ddaw henaint ddim ei hunan.
Wales – Jones 1878: 286.

Kränklichkeit ist der Anfang des Alters.
Tosach críne galraige.
Irland – *Bríathra Flainn Fhína* (Ireland 1999: 78).

Langsam ist der Alte und leicht zu überholen.
Hwyr hen, hawdd ei orddiwes.
Wales – *Llyfr Coch Hergest* (Jackson 1935a: 22 und 1935b: 58).

Der Mutige ist ein Löwe, bis er ergraut.
Glew a fydd llew hyd yn llwyd.
Wales – Howell 1659: 3 mit der Variante *Nyd glew llew pan yn llwyd* («Ein ergrauter Löwe ist nicht mutig»).

Kein Narr der Welt ist schlimmer als ein alter Narr.
Chan 'uil amadan air bith is measa nà sean-amadan.
Irland – MacAdam 1858–62: 264.

Torheit des Alters ist schlimmer als Torheit der Jugend.
Is miosa amaideachd na h-aois na amaideachd na h-òige.
Schottland – Nicolson 1881: 279.

Der Traum der alten Frau: Was sie sich wünscht.
Breuddwyd gwrâch wrth ei hewyllys.
Wales – *Peniarth 17* (Lewis 1929: 5); Salesbury 1547; Davies 1632; Howell 1659: 2. Ebenso in Schottland (Nicolson 1881: 7), *Aisling caillich mar a dùrachd.*

Der Knoten in einem alten Stock ist schwer zu entfernen.
An car a bhios san t-seann mhaide 's duilich a thoirt as.
Schottland – Nicolson 1881: 26.

Von allem Schweren ist das Alter das schwerste.
O bob trwm, trymaf henaint.
Wales – *Llyfr Gwyn Rhydderch* (Phillimore 1886: 144); Salesbury 1547; Davies 1632; Howell 1659: 29.

Jegliches Übel kommt mit dem Alter: Schwachsinn, Irrsinn und Tod.
Thig gach olc ri aois – thig baothachd, thig boile, thig bàs.
Schottland – Nicolson 1881: 366.

Kleidung

Die Kleidung macht den Mann.
'Sè an t-èadach a ghni an duine.
Irland – MacAdam 1858–62: 281.

Ist der Mensch auch nicht die Kleidung, ist er doch ohne sie kein Mensch.
Ged nach duin' an t-aodach, cha duin' a bhios às aonais.
Schottland – Nicolson 1881: 201.

Gott schenkt das Frieren ebenso wie die Kleider.
Duw a ran yr anwyd, fẹl y rann y dillad.
Wales – Howell 1659: 3.

Urteile nicht nach dem Anschein: Ein schäbiger Mantel verbirgt vielleicht ein großes Herz.
Na toir breith a rèir coltais: Faodaidh cridhe beartach a bhi fo chòta bochd.
Schottland – MacDonald 1926: 56.

klugheit

Klugheit erzeugt Ruhm.
Ad-cota gáes clotha.
Irland – *Bríathra Flainn Fhína* (Ireland 1999: 64).

Klugheit erzeugt Achtung.
Ad-cota gáes airmitin.
Irland – *Bríathra Flainn Fhína* (Ireland 1999: 64).

Weisheit verdient Achtung.
Dligid ecnae airmitin.
Irland – *Bríathra Flainn Fhina* (Ireland 1999: 70).

Weisheit ist besser als Reichtum.
Ferr ecnae n-anaib.
Irland – *Bríathra Flainn Fhína* (Ireland 1999: 82). Ähnlich in Wales (Howell 1659: 17), *Gwell pwyll nag aur* («Verstand ist besser als Gold») und *Gwell synnwyr na chyfoeth* («Vernunft ist besser als Reichtum»).

Gottesfurcht ist der Anfang der Weisheit.
Túis na heagna uamhan Dé.
Irland – O'Rahilly 1922: 45 sowie Bourke 1856: 183 mit dem Hinweis auf das biblische Vorbild *Psalm* 111:10 (= *Sprüche* 1:7, 9:10). Ähnlich in Schottland (MacDonald 1926: 49), *Is e eagal an Tighearna toiseach an eòlais* («Die Furcht vor dem Herrn ist der Anfang der Weisheit»).

Klugheit ist stärker als Kraft.
Is treise gliocas ná neart.
Irland – Bourke 1856: 175. Ähnlich in der Bretagne (Sauvé 1878: 12), *Gwell eo ijin eget nerz* («Klugheit ist besser als Kraft»).

Nicht jeder wird als Weiser geboren.
Ni enir pawb yn ddoeth.
Wales – Evans 1965: 45.

Besser angeborener Verstand als Gelehrsamkeit.
Gwell na llên pwyll cynhenid.
Wales – Roberts 1885: 14.

Besser eine Unze Verstand als drei Pfund Schulbildung.
Is fheàrr aon unnsa do thùr na trì puinnd do sgoil.
Schottland – Campbell 1978: 196.

Der Weise hört zu, der Tor spricht.
Doeth a wrendy, ffôl a lefair.
Wales – Evans 1965: 28.

Der Weise ändert seine Meinung, der Tor halt störrisch daran fest.
Doeth a newid ei farn, ffôl a'i ceidw yn gadarn.
Wales – Evans 1965: 28.

Klugheit ist des Menschen beste Lampe.
Gorau cannwyll pwyll i ddyn.
Wales – *Englynion y Misoedd* (Jackson 1935a: 37 und 1935b: 72); Roberts 1885: 194.

Auf tausend Narren kommt nicht ein einziger Weiser.
Cha bhi aon duine crìonna a-measg mìle amadan.
Schottland – MacDonald 1926: 35.

Die Waffe eines Weisen – Verstand, die Waffe eines Toren – Stahl.
Arf doeth – pwyll, arf ynfyd – dur.
Wales – Roberts 1885: 194.

Zorn mag das Herz des Weisen besuchen, doch Wohnung nimmt er im Herz des Toren.
Faodaidh fearg sealltainn a-steach an cridh' an duine ghlic,
ach còmhnaichidh i an cridh' an amadain.
Schottland – Nicolson 1881: 177.

Den Klugen täuscht man nur einmal.
Cha mheallar am fear glic ach aon uair.
Schottland – Nicolson 1881: 104.

Die Ente lastet nicht schwer auf einem See, sein Zügel lastet nicht schwer auf dem Pferd, seine Wolle lastet nicht schwer auf dem Schaf, und Verstand nicht schwer auf dem Leib.
Cha chudrom air loch an lach, cha chudrom air each a shrian, cha chudrom air caor' a h-olann, 's cha chudrom air colainn ciall.
Schottland – Nicolson 1881: 90. Ebenso in Ulster (Ó Muirgheasa 1907: 12).

Zwei unheilbare Krankheiten gibt es auf der Welt: den Tod und die Unvernunft.
Tá dá aicíd ins an t-saoghal nach dtig a léigheas – an bás agus an dícheille.
Irland – Ó Muirgheasa 1907: 50.

Wem Gott keine Vernunft gibt, dem kannst du sie mit einem Stock nicht einbläuen.
Duine ar bith nach gcuireann Dia ciall ann, cha dtig leat-sa ciall a chur ann le bata.
Irland – Ó Muirgheasa 1907: 50.

Wetteifere mit dem Weisen, und du wirst weiser sein. Wetteifere mit einem Toren, und du wirst törichter sein.
Ymryson â doeth, ti a fyddi ddoethach, ymryson â ffôl, ti a fyddi ffolach.
Wales – Salesbury 1547; Davies 1632; Howell 1659: 34.

Wenn du nicht stark bist, sei klug.
Oni byddi gryf, bydd gyfrwys.
Wales – Evans 1965: 50; Davies 1632; Howell 1659: 30.

Krieg und Frieden

Gewalt erzeugt Feindschaft.
Ad-cota bríg barainn.
Irland – *Bríathra Flainn Fhína* (Ireland 1999: 64).

Kampf erzeugt Wehklage.
Ad-cota cath cáíniud.
Irland – *Bríathra Flainn Fhína* (Ireland 1999: 66).

Besser Frieden als ein erfolgreicher Krieg.
Ferr síd sochocad.
Irland – *Bríathra Flainn Fhína* (Ireland 1999: 84.)

Der schlechteste Frieden ist besser als der beste Krieg.
Gwell yr heddwch gwaethaf na'r rhyfel goreu.
Wales – Roberts 1885: 174.

Nach Krieg kommt Frieden.
An dèidh cogaidh thig sìth.
Schottland – Nicolson 1881: 28.

Wer im Frieden die Waffen nicht aufhebt, dem fehlen sie in Zeiten des Krieges.
Am fear nach glèidh na h-airm san t-sìth, cha bhi iad aige an àm a' chogaidh.
Schottland – Nicolson 1881: 22.

Die Furcht ist schlimmer als der Krieg.
Is mios' an t-eagal na 'n cogadh.
Schottland – Nicolson 1881: 279.

Lehren und Lernen

Fragen ist der Anfang des Wissens.
Tosach éolais imchomarc.
Irland – *Bríathra Flainn Fhína* (Ireland 1999: 76).

Man lernt nur durch Fragen.
Chan fhiosraich mur feòraich.
Schottland – Nicolson 1881: 119.

Wo keine Begabung ist, wird keine Gelehrsamkeit sein.
Lle ni bo dawn ni bydd dysg.
Wales – *Llyfr Coch Hergest* (Jackson 1935a: 28 und 1935b: 64).

Ein voller Beutel: Wissen und Begabung.
Alwar llawn dysg a dawn.
Wales – Roberts 1885: 12.

Lehre den Glücklichen mit einem Wort, den Widerspenstigen mit der Rute.
Dysg dedwydd â gair, dysg diriaid â gwiail.
Wales – Roberts 1885: 12.

Lehre dich selbst, bevor du einen anderen lehrst.
Addysga dy hun cyn y dysgot arall.
Wales – Roberts 1885: 12.

Wer eine Lehre annimmt, soll sie bewahren.
A gymmero ddysg cadwed.
Wales – Salesbury 1547; Davies 1632; Howell 1659: 5.

Widerlich, wer viel lernt und nichts weiß.
Cas ddyn a ddysgo lawer ac ni wyddo ddim.
Wales – Roberts 1885: 12.

Vor dem Laufen muss ein Kind erst krabbeln.
Is èigin do leanabh lamhachan sul ma siubhalaidh se.
Irland – MacAdam 1858–62: 182.

Gelehrt macht nicht, was man liest, sondern was man behält.
Chan e na leughar a ni foghluimte ach na chuimhnichear.
Schottland – Nicolson 1881: 108.

Besser ungeboren als ungebildet.
B'fheàrr a bhi gun bhreith na bhith gun teagasg.
Schottland – Nicolson 1881: 54.

Wenn der alte Hahn kräht, lernt der junge.
An uair a ghlaodhas a' sean-choileach, foghluimidh an t-óg.
Irland – Ó Muirgheasa 1907: 218.

Wo die Henne scharrt, pickt das Küken.
Lle crafa'r iâr y piga'r cyw.
Wales – Evans 1965: 38.

Das junge Lernen ist das schöne Lernen.
Is e 'n t-ionnsachadh òg an t-ionnsachadh bòidheach.
Schottland – Nicolson 1881: 231.

Man lernt von seiner Kindheit bis zu seinem Alter.
Ef a geiff dyn ddysg o'i febyd hyd ei henaint.
Wales – Salesbury 1547.

Niemand ist zu alt, um zu lernen.
Nid rhy hên neb i ddysgu.
Wales – Roberts 1885: 14.

Leicht und schwierig

Ein blindes Pferd ist leicht einzufangen.
Hawdd dal march dall.
Wales – Roberts 1885: 116.

Aus einem schmutzigen Brunnen ist nicht gut sauberes Wasser zu schöpfen.
Is duilich bùrn glas a thoirt à tobar salach.
Schottland – Macintosh 1785: 44.

Ein einziger Mann bringt ein Pferd zum Wasser, aber kein Dutzend zum Saufen.
Bheir aon fhear each gu uisge, ach cha toir a dha dheug air òl.
Schottland – Macintosh 1785: 8; ähnlich in Ulster (MacAdam 1858–62: 286), *Bhearadh aon fhear a mhàin each chun uisge, acht ni bhearadh deichneabhar air òl,* und in Wales (Evans 1965: 56), *Un a ddwg y march i'r dwr, nid cant a wna iddo yfed.*

Neben Brennholz ist leicht Feuer machen.
Is furus teine a lasadh chois connaidh.
Irland – Ó Muirgheasa 1907: 190.

«Berg» ist leichter gesagt als überquert.
Haws dywedyd mynydd na myned drosto.
Wales – Salesbury 1547; Davies 1632; Howell 1659: 18.

Hinfallen ist leichter als Aufstehen.
Is fusa tuitim ná éirghe.
Irland – Ó Muirgheasa 1907: 210.

Ist das Feuer entzündet, kann man es nicht leicht wieder löschen.
Nuair a bhéas an teine lasta, chan fhurust a chur as.
Irland – Ó Muirgheasa 1907: 230.

Ein Haus ist leichter angezündet als gebaut.
Haws llosgi ty na'i adeilad.
Wales – Davies 1632; Howell 1659: 18.

Leichter macht man aus einem
Rotmilan einen Falken als aus einem
gemeinen Kerl einen Ritter.
Haws gwneithr hebog o farcut,
na marchog o daeog.
Wales – Davies 1632; Howell 1659: 18.

Von einer Ziege bekommt man schwerlich Wolle.
Is doiligh olann a bhaint de ghabhar.
Irland – Ó Muirgheasa 1907: 166.

Einem Barfüßigen kann man nur schwer die Socken ausziehen.
Is doiligh stocaí a bhaint d'fhear coslomnocht.
Irland – Ó Muirgheasa 1907: 166.

Wer nicht schläft, ist schwer zu wecken.
Is duilich am fear nach bi na chadal a dhùsgadh.
Schottland – Nicolson 1881: 228.

Der beste Apfel hängt gewöhnlich am höchsten Zweig.
Biodh an t-ubhal as feàrr air a' mheangan as àirde.
Schottland – Macintosh 1785: 8.

Die schönste Rose ist gewöhnlich, wo die meisten Dornen sind.
E-touez ar muiañ drein emañ 'r gaera rozenn.
Bretagne – Sauvé 1878: 14.

Liebe und Hass

Drei Funken, die Liebe entzünden: Gesicht, Benehmen, Rede.
Trí óible adannat seirc: gnúis, alaig, erlabra.
Irland – *Trecheng Breth Féne* (Meyer 1906: 10).

Drei kommen ungebeten: Liebe, Eifersucht und Furcht.
Triùir a thig gun iarraidh: gaol, eud is eagal.
Schottland – Macintosh 1785: 63.

Die drei schärfsten Blicke überhaupt: der Blick der Henne nach dem Korn, der Blick des Schmieds nach dem Nagel, und der Blick des jungen Mädchens nach dem Liebsten.
Na trí amhairc is géire amuigh: súil na circe i ndiaidh an ghráinne, súil an ghobhann i ndiaidh an táirgne, agus súil an chailínóig i ndiaidh an ghrádha.
Irland – Ó Muirgheasa 1907: 2.

Glücklich, wer sieht, was er liebt.
A wêl a gar, gwyn ei fyd.
Wales – *Llyfr Coch Hergest* (Jackson 1935a: 31 und 1935b: 67).

Liebenswert ist jeder dem, der ihn liebt.
Hygar pawb wrth a garo.
Wales – Davies 1632; Howell 1659: 19.

Recht zu lieben ist die Sache eines Klugen.
Gweithred call yw caru yn iawn.
Wales – *Llyfr Coch Hergest* (Jackson 1935a: 29 und 1935b: 65).
Vgl. bereits Seneca, *Epistulae morales* 81,12, *Solus sapiens scit amare.*

Manches Paar liebt sich und kommt doch nie zusammen.
Llawer deu a ymgarant a phyth ni chyfaruydant.
Wales – *Llyfr Coch Hergest* (Jackson 1935a: 22 und 1935b: 58).

Dort, wo er nicht geliebt wird, hat jeder viele Fehler.
Aml bai pawb lle nis cerir.
Wales – *Englynion y Misoedd* (Jackson 1935a: 39 und 1935b: 73); ähnlich Salesbury 1547; Davies 1632; Howell 1659: 5; Roberts 1885: 62 mit der Variante *Tew y beiau lle teneu y cariad* («Wo die Liebe dünn ist, sind die Fehler dick»).

Liebe findet keinen Fehler.
Chan fhaigh gaol coire.
Schottland – Campbell 1978: 185.

Liebe verbirgt Mangel und Makel.
Ceileann searc ainimh is locht.
Irland – O'Rahilly 1922: 22.

Liebeserklärung bedarf keiner Zunge.
Nid rhaid tafod i draethu serch.
Wales – Roberts 1885: 78.

Liebe ist stärker als ein Riese.
Trech serch na chawr.
Wales – Roberts 1885: 78.

Jedermann sieht auf das, was er liebt.
Golwg pawb ar a garo.
Wales – Davies 1632; Howell 1659: 14.

Schwer ist die Trennung von dem, was man liebt.
Dygn yw adaw a garawr.
Wales – Davies 1632; Howell 1659: 12

Weh dem, der liebt und nicht geliebt wird.
Gwae a gâr ac ni garer.
Wales – Davies 1632; Howell 1659: 3.

Zur Tür, wo der Zweifel eintritt, geht die Liebe hinaus.
Air an doras a thig amharas a-steach, thèid gràdh a-mach.
Schottland – Nicolson 1881: 6.

Liebe erkaltet schnell.
Fuarann gràdh go grod.
Irland – MacAdam 1858–62: 279.

Hass und Liebe fallen ins Auge.
Amlwg cas a chariad.
Wales – Roberts 1885: 82.

Auf zu viel Liebe folgt oft zu viel Hass.
Gnawd rhygas wedi rhyserch.
Wales – *Englynion Y Clyweit* (Williams u. Parry-Williams 1927: 11); Davies 1632; Howell 1659: 14.

Keiner entbrannte rasch in Liebe, der nicht schnell in Hass entflammte.
Cha tug gaol luath nach tug fuath clis.
Schottland – Nicolson 1881: 100.

Der Hass eines Jungen: seine erste Liebe.
Fuath giullain, a chiad leannan.
Schottland – Nicolson 1881: 187.

Die Welt wird enden, doch Musik und Liebe bleiben.
Thig crìoch air an t-saoghal, ach mairidh gaol is ceòl.
Schottland – MacDonald 1926: 63.

macht und ohnmacht

Auf den oben trinkt man, auf den unten tritt man.
An té tá suas óltar deoch air, an té tá síos buailtear cos air.
Irland – Bourke 1856: 167; ähnlich in Ulster (MacAdam 1858–62: 262), *An tè a bhios sìos buailtear cloch air, a's an tè a bhios sùas òltar deoch air* («Auf den unten wirft man mit einem Stein, auf den oben trinkt man»).

Wer stärker ist, mag unterdrücken; wer schwächer ist, mag schreien.
A fo trechaf treisied; a fo gwanaf, gweidded.
Wales – *Llyfr Gwyn Rhydderch* (Phillimore 1886: 139); Davies 1632; Howell 1659: 2.

Wer in der Gosse liegt, auf den setzt jeder seinen Fuß.
Am fear a bhios san fhèith, cuiridh a h-uile fear a chas air.
Schottland – Macintosh 1785: 8.

Macht bezwingt Recht.
Claoidheann neart ceart.
Irland – Bourke 1856: 169.

Der Schlechteste ist obenauf, wenn er der Stärkste ist.
Ge b' e miosa, ma 's e 's treasa, bidh e 'n uachdar.
Schottland – Nicolson 1881: 194.

Wer Schutz sucht, soll den Mächtigsten fragen.
A gais nodded, gofyned i'r cadarnaf.
Wales – Roberts 1885: 24.

Wenn die Katze außer Haus ist, haben die Mäuse Platz zum Spielen.

Pan fo y gath oddicartref, caiff y llygod le i chwarae.

Wales – Roberts 1885: 112. Ähnlich in Schottland (Nicolson 1881: 357),
Tha fios aig an luch nach eil an cat a-staigh
(«Die Maus weiß, dass die Katze nicht zu Hause ist»).

mut

Mannhaftigkeit ist die beste Waffe.
Goreu arf, gwroldeb.
Wales – Roberts 1885: 168.

Der Mutige bezwingt alles.
Kalonek a drec'h peb tra.
Bretagne – Sauvé 1878: 18.

Der Verzagte verliert.
Gwan ei galon a gyll.
Wales – Evans 1965: 32.

Wer nicht wagt, kann nicht gewinnen.
Am fear nach misnich, cha bhuannaich.
Schottland – Nicolson 1881: 23; ähnlich Campbell 1978: 192.

Wer nicht klettert, kann nicht fallen.
Ni ddringo, ni syrth.
Wales – Evans 1965: 45.

Ohne Kampf kein Sieg.
Hep stourm ne vezer ket trec'h.
Bretagne – Sauvé 1878: 18.

Wer sich vor den Grashalmen fürchtet, sollte nicht auf der Wiese schlafen.
Cha bu chòir dha cadal san fhaiche, am fear aig am bi eagal nan cuiseagan.
Schottland – Nicolson 1881: 86.

Jeder Hahn ist mutig auf seinem Misthaufen.
Hy pob ceiliog ar ei domen.
Wales – Evans 1965: 36.

Jeder Hund ist mutig vor der Tür seiner eigenen Hütte.
Dána gach madra i ndoras a thighe féin.
Irland – O'Rahilly 1922: 49.

Der bellende Hund beißt nicht.
Ni frath y ci a gyfartho.
Wales – Evans 1965: 45.

Verzweiflung macht dem Feigling Mut.
Bheir eu-dòchas misneachd don ghealtair.
Schottland – MacDonald 1926: 34.

natur und veranlagung

Was außer einem Tritt würdest du von einer Kuh erwarten?
Caidé bheadh súil agat fhágáil ó bhó acht preab?
Irland – Ó Muirgheasa 1907: 44.

Was im Mark ist, kann man schwer aus dem Knochen bekommen.
An rud atá 'sa smior, is doiligh a bhaint as an chnámh.
Irland – Ó Muirgheasa 1907: 46.

Natur ist stärker als Erziehung.
Treise dúthchas ná oileamhain.
Irland – O'Rahilly 1922: 5; ähnlich in Ulster (MacAdam 1858–62: 263), *Is trèise an dùchas nà an oileamhuin*, und in Wales, *Trech anian nag addysg* (Jackson 1935a: 29 und 1935b: 65) bzw. *Trech natur na dysgeidiaeth* (Jones 1879: 298).

Die Natur der Sau ist auch im Ferkel.
Natur yr hwch a fydd yn y porchell.
Wales – Salesbury 1547; Davies 1632; Howell 1659: 22.

Vögel einer Farbe fliegen zu demselben Ort.
Adar o'r un lliw hedant i'r un lle.
Wales – Jones 1877: 360.

nüchternheit und trunkenheit

Nüchternheit ist der Anfang des Glücks.
Tosach sothcaid domescae.
Irland – *Bríathra Flainn Fhína* (Ireland 1999: 78).

Trunkenheit ist der Anfang des Unglücks.
Tosach dothcaid somescae.
Irland – *Bríathra Flainn Fhína* (Ireland 1999: 78).

Trunkenheit ist eine schlechte Ausrede.
Is don' an leisgeul a' mhisg.
Schottland – Nicolson 1881: 227.

Drei Dinge, die einen Klugen zum Narren machen:
Streit, Wut, Trunkenheit.
Tréde immifoilnge báis do gáeth: fúasnad, ferg, mesca.
Irland – *Trecheng Breth Féne* (Meyer 1906: 24).

Drei Schlüssel, die Gedanken aufschließen:
Trunkenheit, Vertrauensseligkeit, Liebe.
Trí heochracha aroslicet imráitiu: mesca, tairisiu, serc.
Irland – *Trecheng Breth Féne* (Meyer 1906: 26).

Betrunkenes Herz lügt nicht.
Cha dèan cridhe misgeach breug.
Schottland – MacDonald 1926: 38.

Bier ist der Schlüssel zum Herzen.
Allwedd calon, cwrw.
Wales – *Llyfr Gwyn Rhydderch* (Phillimore 1886: 139); Davies 1632.

Ist der Trunk drinnen, ist der Verstand draußen.
An uair a bhios an deoch a stigh, bìann a chiall a muigh.
Irland – MacAdam 1858–62: 262; ähnlich in Schottland (Nicolson 1881: 39).

Der Betrunkene glaubt, dass alle außer ihm betrunken sind.
Saoilidh an duin' air mhisg gum bi a h-uile duin' air mhisg ach e fhèin.
Schottland – Nicolson 1881: 344.

Lieber noch einen Sohn, der spielt, als einen, der trinkt.
Fearr mac le himirt féin ná mac le hól.
Irland – O'Rahilly 1922: 14.

Wer nur Wasser trinkt, wird nicht betrunken.
An té ólas acht uisge ní bheidh sé air mheisge.
Irland – Bourke 1856: 167.

Der unbequeme Stuhl im Wirtshaus ist der beste.
Is e an suidhe docharach san tigh-òsd' as fheàrr.
Schottland – Nicolson 1881: 231.

Vermeide das Wirtshaus und nicht das Bezahlen.
Gochel y dafarn, ac na ochel ildio.
Wales – Salesbury 1547; Davies 1632; Howell 1659: 3.

Rat und Hilfe

Schlecht ist das Fleisch, das kein Salz annimmt,
doch schlechter als das sind Leute, die keinen Rat annehmen.
Is dona an fheòil air nach gabh salann, 's miosa na sin na daoine nach gabh comhairle.
Schottland – Nicolson 1881: 227.

Der ungebetene Rat eines Freundes bekam noch nie den verdienten Respekt.
Comhairle caraid gun a h-iarraidh, cha d'fhuair i riamh meas a bu chòir dhi.
Schottland – Macintosh 1785: 17.

Der ungebetene Rat eines Freundes ist es wohl wert, befolgt zu werden.
Comhairle caraid gun a h-iarraidh, 's i 's fhiach a glèidheadh.
Schottland – Nicolson 1881: 154.

Der Tor liebt nicht den, der ihm rät.
Ni châr ffol a'i cynghoro.
Wales – Robert 1885: 106.

Rat erteilen ist leichter als Rat annehmen.
Is fhusa comhairle thoirt na comhairle ghabhail.
Schottland – Nicolson 1881: 252.

Rat ist leichter zu bekommen als Hilfe.
Is fusa cómhairle a fhágail ná cuidiughadh.
Irland – Ó Muirgheasa 1907: 132.

Weiser Rat kam oft aus dem Kopf eines Narren.
Is minig a thàinig comhairle ghlic à ceann amadain.
Schottland – Nicolson 1881: 277; ähnlich Campbell 1978: 198.

Oft war einer sich selbst ein schlechter Ratgeber, doch einem anderen ein guter.
Minic bhí duine 'na droch-chómhairlidhe dho féin agus 'na chómhairlidhe mhaith do dhuine eile.
Irland – O'Rahilly 1922: 34.

Ein Rat für den Weisen, ein Stock für den Rücken des Toren.
Comhairle do dhuine glic, slat do dhruim an amadain.
Schottland – Nicolson 1881: 154.

Der Rat eines Weisen ist besser als reines Gold.
Gwell cyngor doeth nag aur coeth.
Wales – Evans 1965: 33.

Übel ist, wer keinen Rat annimmt, doch tausendmal übler, wer jeden Rat annimmt.
Is olc nach ngeobhaidh cómhairle, acht is mile measa a ghabhas gach uile cómhairle.
Irland – Ó Muirgheasa 1907: 120.

Recht und Unrecht

Drei Erfordernisse der Gerechtigkeit: Urteilsvermögen, Mäßigung, Gewissen.
Tréde conaittig fírinne: mess, tomus, cubus.
Irland – *Trecheng Breth Féne* (Meyer 1906: 10).

Drei Erfordernisse der Rechtsprechung: Weisheit, Scharfsinn, Wissen.
Tréde conaittig brethemnas: gáis, fége, fiss.
Irland – *Trecheng Breth Féne* (Meyer 1906: 10).

Brich kein Recht und schaffe kein Recht.
Ná bris reacht is ná déin reacht.
Irland – O'Rahilly 1922: 17.

Die Nahrung des Unrechts sind Gold und Silber.
Ymborth anwiredd yw aur ac arian.
Wales – Roberts 1885: 56.

Gesetz ist nicht stärker als Not.
Cha bheir lagh air èigin.
Schottland – Nicolson 1881: 82; ähnlich in Wales (Phillimore 1886: 138; Davies 1632), *Angen a dyrr ddeddf* («Not bricht Recht»).

Macht geht vor Recht.
Thèid neart thar ceart.
Schottland – Nicolson 1881: 365.

Wer ein Ei stiehlt, stiehlt auch mehr.
A ddyco yr wy a ddwg a fo mwy.
Wales – *Peniarth 17* (Lewis 1929: 2); Davies 1632.

Dem Bettler ist der Dieb nicht gefährlich.
Ní baoghal do'n mbacach an gadaidhe.
Irland – Ó Muirgheasa 1907: 98.

Reden und Schweigen

Eitle Rede ist der Anfang des Übels.
Tosach uilc úabarbríathar.
Irland – *Bríathra Flainn Fhína* (Ireland 1999: 78).

Drei Schweigen, die besser als Reden sind: Schweigen während des Unterrichts, Schweigen während man Musik macht, Schweigen während der Predigt.
Trí túa ata ferr labra: túa fri forcital, túa fri hairfitiud, túa fri precept.
Irland – *Trecheng Breth Féne* (Meyer 1906: 14).

Drei Reden, die besser als Schweigen sind: der Ansporn eines Königs zur Schlacht, der Stabreim in einem Vers, der Lobpreis nach einer Belohnung.
Trí labra ata ferr túa: ochán ríg do chath, sreth immais, molad iar lúag.
Irland – *Trecheng Breth Féne* (Meyer 1906: 14).

Drei gute Eigenschaften einer Rede: Beständigkeit, Weisheit, Kürze.
Trí búada insci: fosta, gáis, gairde.
Irland – *Trecheng Breth Féne* (Meyer 1906: 22).

Drei schlechte Eigenschaften einer Rede: Steifheit, Unklarheit, schlechter Vortrag.
Trí miscena indsci: rigne, dlúithe, dulbaire.
Irland – *Trecheng Breth Féne* (Meyer 1906: 24).

Was dem Herzen am nächsten, ist dem Mund am nächsten.
Is gnáthach an rud is giorra don chroidhe gurb é is giorra don bhéal.
Irland – O'Rahilly 1922: 18 mit dem Hinweis auf das biblische Vorbild *Matthäus* 12:34.

Wenn die Zunge spräche, was der Verstand weiß, gäbe es keine Nachbarn.
Bei traethei dauawt a wypei geudawt ny bydei gymydawc neb rei.
Wales – *Llyfr Coch Hergest* (Jackson 1935a: 26 und 1935b: 61).

Ein Mann ist weise, solange er schweigt.
Doeth dŷn, tra tawo.
Wales – *Llyfr Gwyn Rhydderch* (Phillimore 1886: 140); Salesbury 1547; Davies 1632; Howell 1659: 3.

Ein kluger Kopf macht einen geschlossenen Mund.
Deineann ceann ciallmhar béal iadhta.
Irland – O'Rahilly 1922: 7.

Wohl klingt ein Mund, der schweigt.
Binn béal 'na chómhnuidhe.
Irland – O'Rahilly 1922: 8; ähnlich Bourke 1856: 174, *Is binn é beul na thosd*, und MacAdam 1858–62: 253.

Ein verschwiegenes Wort ist besser als zwei gesprochene.
Gwelloc'h eo ur ger tavet eget daou lavaret.
Bretagne – Sauvé 1878: 24.

Schweigen ist ein halbes Versprechen.
Hanner addo yw tewi.
Wales – Evans 1965: 34.

Hat die Zunge auch keinen Knochen, hat sie doch manchen Kopf zerbrochen.
Gé ná bíonn aon chnámh sa teangain, is minic do bhris sí ceann duine.
Irland – O'Rahilly 1922: 23–24 mit dem Hinweis auf das biblische Vorbild *Sprüche* 25:15. Ähnlich in Schottland (Nicolson 1881: 70), *Bristidh an teanga bhog an cnàimh* («Die biegsame Zunge zerbricht den Knochen»), und in Wales (Williams 1927: 27), *Tafod a dyrr asgwrn* («Zunge bricht Knochen»).

Ein Streich mit der Zunge ist schlimmer als ein Schwertstreich.
Gwashoc'h eun taol teod evit eun taol kleze.
Bretagne – Sauvé 1878: 22.

Deine Zunge schneide nicht deine Kehle durch!
Ná gearradh do theanga do sgórnach.
Irland – O'Rahilly 1922: 34–35.

Willst du Frieden, Freundschaft und Lob, dann höre, sieh zu und bleib stumm.
Ma's maith leat sìochaint, cairdeas a's moladh, eisd, faic, is fan balbh.
Irland – MacAdam 1858–62: 252; ähnlich in Schottland (Macintosh 1785: 53), *Ma's math leat sìth, càirdeas agus cluain, èisd, faic, is fuirich sàmhach.*

Wer seine Zunge im Zaum hält, behält seinen Freund.
Am fear a ghlèidheas a theanga, glèidhidh e charaid.
Schottland – Macintosh 1785: 3.

Viele Wahrheiten bleiben besser ungesagt.
Llawer gwir, gwell heb ei ddywedyd.
Wales – Jones 1880: 317.

Wer am wenigsten weiß, sagt am meisten.
A wyr leiaf a ddywed fwyaf.
Wales – Evans 1965: 21.

Der Klügste – schweigt.
Y calla – dawa.
Wales – Jones 1879: 302.

Die stillen Schweine fressen den Treber.
Na muca ciúine dh'itheann an triosg.
Irland – O'Rahilly 1922: 8; ähnlich in Wales (Roberts 1885: 142), *Yr hwch a daw a fwytty y soeg* («Die Sau, die schweigt, frisst den Treber») und in Schottland (Campbell 1978: 181), *A' mhuc shàmhach as motha dh'itheas* («Das stille Schwein frisst am meisten»).

Sage nur wenig und sage es treffend.
Na abair ach beag, is abair gu math e.
Schottland – Macintosh 1785: 59.

Die beste Knappheit ist Wortknappheit.
Gorau prinder, prinder geiriau.
Wales – Evans 1965: 31.

Überlege zweimal, bevor du einmal sprichst.
Meddwch ddwywaith cyn siarad unwaith.
Wales – Jones 1878: 304.

Zeige dein Geheimnis einem anderen, und er zeigt es der ganzen Welt.
Dangos dy rin i arall, yntau a'i ddengys i'r holl fyd.
Wales – Evans 1965: 27.

Sage nicht alles, was dir gefällt, damit du nicht hörst, was dir nicht gefällt.
Ná labhair gach nídh do b'áil leat, le heagal go gcluinfeá nídh nár b'áil leat.
Irland – Ó Muirgheasa 1907: 122. Vgl. bereits *Monosticha Catonis* 10, *Audit, quod non vult, qui pergit dicere, quod vult* («Wer immer sagt, was er will, hört, was er nicht will»).

Spitze Zunge bleibt auch ohne Schleifen scharf.
Mae tafod llym yn cadw ei awch heb hogi.
Wales – Evans 1965: 39.

Der Stumme lügt nicht.
Cha dèan am balbh breug.
Schottland – Nicolson 1881: 92.

Wer zugibt, schweigt.
A addef a daw.
Wales – Evans 1965: 21.

Schweigen und Zugeben sind ein und dasselbe.
Is ionann tosd agus aideachadh.
Schottland – Nicolson 1881: 260.

Was das Ohr nicht hört, rührt nicht das Herz.
An rud nach cluinn cluas cha ghluais cridhe.
Schottland – Nicolson 1881: 35.

Reichtum

Schwere Börse macht leichtes Herz.
Gnidh sparan trom croidhe èadtrom.
Irland – MacAdam 1858–62: 235.

Silberschlüssel öffnet jedes Schloss.
Allwedd arian a egyr pob clo.
Wales – Roberts 1885: 130.

Reichtum hält den Tod nicht fern.
Ni ludd golud angeu.
Wales – Roberts 1885: 32.

Eines Menschen Gut ist sein Feind.
Gelyn i ddyn ei dda.
Wales – Salesbury 1547; Davies 1632; Howell 1659: 3.

Von Reichtum kommt Kummer.
O gyfoeth y daw gofid.
Wales – Evans 1965: 49.

Der Mangel an Reichtum ist der beste Mangel.
Goreu eiseu, eiseu cyfoeth.
Wales – Roberts 1885: 36.

Ein reicher Mann starb noch nie ohne einen Erben.
Cha d'eug duine beairteach riamh gun dìleabach.
Schottland – Nicolson 1881: 95.

Reich macht nicht, was man verdient, sondern was man spart.
Chan e na chosnar a ni saidhbhir ach na chaomhnar.
Schottland – Nicolson 1881: 108.

Ruhm und Schande

Ruhm überdauert Reichtum.
Hwy yw clod na golud.
Wales – Salesbury 1547; Davies 1632; Howell 1659: 19.

Ruhm überdauert die Lebenszeit.
Hwy clod na hoedl.
Wales – Howell 1659: 19. Ähnlich in Irland (O'Rahilly 1922: 38),
Is buaine bladh ná saoghal.

Ein guter Ruf ist leichter verlorenen als erworben.
Is fhasa deagh ainm a chall na chosnadh.
Schottland – MacDonald 1926: 82.

Guter Ruf verträgt keinen Flicken.
Chan fhuiling an onoir clùd.
Schottland – Nicolson 1881: 119.

Ein Mann lebt, nachdem er in Not geriet, doch nicht, nachdem er in Schande geriet.
Is beò duine an dèidh a shàrachadh, ach cha bheò e an dèidh a nàrachadh.
Schottland – Nicolson 1881: 218.

Schande überdauert alles.
Is buaine gach nì an nàire.
Schottland – Nicolson 1881: 221.

Wo Stolz vorangeht, folgt Schande.
Lle blaena balchder y canlyna cywilydd.
Wales – Roberts 1885: 64.

Besser Schande vermeiden als sie rächen.

Gwell goleith mefl na'i ddial.

Wales – *Llyfr Du o'r Waun* (Williams 1927: 23).

Schicksal und Bestimmung

Alles geschieht, wie es Gott gefällt.
Bidh gach ni mar is àill le Dia.
Schottland – Nicolson 1881: 65. Ähnlich in Wales (Evans 1965: 21), *A fynno Duw a fydd.*

Was Gott nicht will, gedeiht nicht.
Ni fynno Duw, ni lwydd.
Wales – Salesbury 1547.

Gott bestimmte nicht jedem einen Silberlöffel für seinen Mund.
Chan é gach aon nduine d'ar órduigh Dia sponóg airgid i n-a bhéal.
Irland – Ó Muirgheasa 1907: 16.

Wem bestimmt ist, zu hängen, wird niemals ertrinken.
Am fear d' an dàn a chroich, cha tèid gu bràth a bhàthadh.
Schottland – Macintosh 1785: 4; ähnlich in Ulster (MacAdam 1858–62: 282), *An tè a m-beidh se o'n a chineamhuin a chrochadh, ni bhàithtear go bràth è.*

Der Glückliche braucht nur geboren zu werden.
Nid rhaid i ddedwydd namyn ei eni.
Wales – *Llyfr Gwyn Rhydderch* (Phillimore 1886: 144); *Englynion Y Clyweit* (Williams u. Parry-Williams 1927: 14); Salesbury 1547; Davies 1632; Howell 1659: 26.

Wem das Unglück bestimmt ist, den trifft es.
Am fear don dàn an donas, 'sann da a bheanas.
Schottland – Macintosh 1785: 7.

Was auch immer Gott mir bestimmt hat, kann ich nicht verkaufen.
Cib' ar bith d'fhág Dia amach damh, cha dtig liom é a dhíol.
Irland – Ó Muirgheasa 1907: 16.

Vor dem Schicksal gibt es keinen Schutz.
Nid oes nawdd rhag tynghedfen.
Wales – Roberts 1885: 202.

Schicksal ist stärker als Vorsatz.
Trech tynged nac arfaeth.
Wales – Roberts 1885: 202.

Was bestimmt ist, wird geschehen.
An ni a tha 'n dàn tachraidh e.
Schottland – Nicolson 1881: 32.

Ein böser Mensch bereitet sich selbst das Schicksal.
Ni droch dhuine dàn da fhèin.
Schottland – Nicolson 1881: 333.

schön und hässlich

Dreierlei Schönes, das Hässliches verhüllt: Gute Manieren bei einem ungestalten Menschen, Geschicklichkeit bei einem Leibeigenen, Weisheit bei einem Missgebildeten.
Trí cáin docelat éitchi: sobés la anricht, áne la dóer, ecna la dodelb.
Irland – *Trecheng Breth Féne* (Meyer 1906: 10).

Dreierlei Hässliches, das Schönes verhüllt: eine wohlklingend muhende Kuh ohne Milch, ein schönes Pferd ohne Schnelligkeit, ein schöner Mensch ohne Charakter.
Trí héitich docelat cáin: bó binnech cen as, ech án amlúath, sodelb cen tothucht.
Irland – *Trecheng Breth Féne* (Meyer 1906: 10).

Wenn du einem Ziegenbock ein Seidenkleid anziehst, ist er immer noch ein Ziegenbock.
Má chuireann tú culaidh síoda ar ghabhar, is gabhar i gcomhnuidhe é.
Irland – Ó Muirgheasa 1907: 44.

Schönheit bringt den Topf nicht zum Kochen.
Ní hí an bhréaghthacht do chuireann an crocán a' fiuchadh.
Irland – O'Rahilly 1922: 6; ebenso in Schottland (Nicolson 1881: 132), *Cha toir a' bhòidhchead goil air a' phoit.*

Schönheit geht nicht tiefer als die Haut.
Cha tèid bòidhchead nas doimhne na 'n craicionn.
Schottland – Nicolson 1881: 129.

sein und schein

Gewaltig sind die Hörner der Kühe jenseits des Meeres.
Mór-thaidhbhseach iad adharca na mbó tar lear.

Irland – O'Rahilly 1922: 33. Ähnlich Bourke 1856: 177, *Is tadhbhasach iad adharca na m-bó tar lear.* Ebenso in Schottland (Macintosh 1785: 3), *Adhaircibh fad air a chrodh tha fada uainn* («Vieh fern von uns hat lange Hörner») und in Ulster (MacAdam 1858–62: 260), *Bìann adharca mòra air bhà a bh-fad ò bhaile* («Kühe fern von Zuhause haben lange Hörner»).

Grün sind die uns fernen Hügel.
Is glas iad na cnoic a bhfad uainn.

Irland – Bourke 1856: 175; MacAdam 1858–62: 260.

Ferne Vögel haben hübsche Federn.
Bidh iteagan bòidheach air na h-eòin a tha fad as.

Schottland – Nicolson 1881: 65.

Laut ist das Rauschen des Schilfs, wenn man nicht hindurchgeht.
Is mòr toirm cuilce gun dol troimhpe.

Schottland – Nicolson 1881: 282.

Verfaultes Holz sah oft schön aus.
Is minig a bha dreach breagh air maide mosgain.

Schottland – Nicolson 1881: 276.

Je lauter der Fluss, desto weniger Fische.
Po grochaf fo'r afon, lleiaf fydd o bysgod.

Wales – Evans 1965: 52.

Je tiefer der Fluss, desto geringer sein Rauschen.
Po dyfnaf yr afon lleiaf oll ei thrwst.

Wales – Roberts 1885: 142; ähnlich in Schottland (Nicolson 1881: 180), *Far an sàmhaich' an t-uisge, 's ann as doimhn' e* («Wo das Wasser am ruhigsten, ist es am tiefsten»). Vgl. bereits Curtius Rufus, *Historiae Alexandri Magni Macedonis* 7,4,16 *Altissima quaeque flumina minimo sono labuntur.*

Laut ist das Plätschern der seichten Gewässer.
Ard fuaim na n-uisgí éadtroma.

Irland – O'Rahilly 1922: 8; ähnlich MacAdam 1858–62: 263, *'Sè an t-uisge is èadomhuine is mo tormàn* («Das seichteste Wasser macht das lauteste Geräusch»), und in Schottland (Macintosh 1785: 33), *Far an taine 'n abhainn is ann is mo 'n fhuaim.*

Ein leeres Gefäß tönt am lautesten.
Soightheach folamh is mo torann.

Irland – Bourke 1856: 184; ähnlich in Schottland (Campbell 1978: 237), *Soithichean falamh is motha nì fuaim.*

Die klapprigste Kuh muht am lautesten.
A' bhò as sgàirdiche 's i as àirde dh'éibheas.

Schottland – Campbell 1978: 179.

Die Kuh, die am lautesten muht, gibt nicht die meiste Milch.
Chan i a' bhò 's àirde geum as mò bainne.

Schottland – Nicolson 1881: 119.

Es ist nicht das große Pferd, das den Hafer zum Markt bringt.
N'eo ket ar c'hezek bras a gas ar c'herc'h d'ar marc'had.

Bretagne – Sauvé 1878: 20.

Der Baum, der lange schwankt, ist nicht der erste Baum, der fällt.
Chan é an crann a bhíos i bhfad ag crith an chead chrann thuitfeas.

Irland – Ó Muirgheasa 1907: 84.

Wer den Ruf des Frühaufstehers hat, darf lange schlafen.
Ge b' e don tèid ainm na mocheirigh, faodaidh e cadal fada.

Schottland – Campbell 1978: 191.

Es ist nicht alles Gold, was glänzt.
Nid aur popeth melyn.
Wales – Evans 1965: 46.

Eine Schwalbe macht nicht den Sommer, und ein Windstoß nicht den Winter.
Ne-d-eo ket ur skendilig a ra an hañv, nag ur barr-awel ar goañv.
Bretagne – Sauvé 1878: 20. Ähnlich in Schottland (Nicolson 1881: 92), *Cha dèan aon smeòrach samhradh* («Eine einzige Drossel macht keinen Sommer»). Vgl. bereits lateinisch (nach Aristoteles, *Nikomachische Ethik* 1,6) *Una hirundo non efficit ver.*

Selbstbeherrschung

Mächtig ist nur, wer stärker ist als er selbst.
Nid cadarn ond a fo drech na'i hunan.
Wales – Roberts 1885: 186.

Wer sich selbst bezwang, bezwang einen Feind.
Am fear a thug buaidh air fhèin, thug e buaidh air nàmhaid.
Schottland – Nicolson 1881: 18. Vgl. bereits Publilius Syrus, *Sententiae* 1,22, *Iracundiam qui vincit, hostem superat maximum* («Wer seinen Jähzorn besiegt, bezwingt seinen größten Feind»).

Der Fisch, der nach jedem Wurm schnappt, wird irgendwann einmal gefangen.
An t-iasg a chriomas gach boiteag, thèid a ghlacadh uaireigin.
Schottland – Nicolson 1881: 37.

Gierigem Auge gelang noch nie guter Handel.
Cha d'fhuair sùil ghionach riamh cunnradh math.
Schottland – Nicolson 1881: 96.

Stände und Berufe

Die Ehre eines vornehmen Herrn ist kein Erbteil.
Nid treftad anrhydedd arglwydd.
Wales – Roberts 1885: 52.

Die Person ehrt den Stand, und nicht der Stand die Person.
Dyn a urdd y lle, ac nid y lle y dyn.
Wales – Roberts 1885: 52.

Gott sieht nicht auf den Stand.
Doue ouzh ar stad na zell ket.
Bretagne – Sauvé 1878: 46.

Adel bringt den Topf nicht zum Kochen.
Cha toir an uaisle goil air a' phoit.
Schottland – MacDonald 1926: 35.

Der gute Herr macht den guten Knecht.
Ar mestr mat a ra ar mevel mat.
Bretagne – Sauvé 1878: 6.

Drei Dinge, auf die kein Verlass ist: ein schöner Tag im Winter, das Leben eines betagten Menschen und das Wort einer hochgestellten Person ohne schriftliche Bestätigung.
Trí nithe nách iontaoibh, – lá breá insa gheimhre, saoghal duine chríonna, nó focal duine mhóir gan sgríbhinn.
Irland – O'Rahilly 1922: 70.

Die Nacht, wenn das Einsäen beendet ist, die Nacht wenn die Ernte in der Scheuer ist, und die Nacht, wenn die Pacht bezahlt ist: Die drei Nächte, in denen der Bauer ruhig schläft.
An oidhche a bhfuil a' chuirdheacht réidh, an oidhche a bhuil a' fóghmhar 'san iothlainn, 's an oidhche a bhuil a chíos díolta aige: Na trí hoidhche gheibheas an sgológ codladh sócamhlach.
Irland – Ó Muirgheasa 1907: 8.

Übel ist ein schlechter Diener, übler ohne ihn zu sein.
Drwg yw drygwas, gwaeth yw bod hebddaw.
Wales – *Englynion Y Clyweit* (Williams u. Parry-Williams 1927. 14); Davies 1632; Howell 1659: 3.

Sag dein Geheimnis keinem Diener.
Nac addef dy rin i was.
Wales – Evans 1965: 42.

Drei Dinge, die einen Harfner ausmachen: eine Melodie, die einen zum Weinen bringt, eine Melodie, die einen zum Lachen bringt, eine Melodie, die einen zum Schlafen bringt.
Tréde neimthigedar cruitire: golltraige, gentraige, súantraige.
Irland – *Trecheng Breth Féne* (Meyer 1906: 16).

Die zweite Frau des Harfners: die Harfe.
Dàrna bean a' chlàrsair – a' chlàrsach fhèin.
Schottland – Nicolson 1881: 162.

Der größte Schurke macht den besten Henker.
'S e an gadaidhe is mó is féarr a ghní crochadóir.
Irland – Ó Muirgheasa 1907: 212.

Besser einen weisen jungen Sohn als einen törichten alten König.
Gwell mab ieuanc doeth na brenin hen ynfyd.
Wales – Salesbury 1547.

Ein ungebildeter König ist ein gekrönter Esel.
Righ miofhoghlamtha is asal corónta.
Irland – Bourke 1856: 183.

Der König seufzt genauso oft wie der Mann aus niedrigstem Stand.
Is co lìonmhor osna aig an rìgh 's aig an duin' a 's ìsle staid.
Schottland – Nicolson 1881: 222.

Maurer im Sommer – Bettler im Winter.
Clachair samhraidh, dìol-dèirc geamhraidh.
Schottland – Nicolson 1881: 150.

Die Regel der Mönche: Von allen nehmen und nichts wiedergeben.
Reizhenn manac'h a zo tennañ digant an holl hwep reiñ netra.
Bretagne – Sauvé 1878: 130.

Die Pächter sind stärker als der Grundherr.
Is treise tuath na tighearna.
Schottland – Macintosh 1785: 42.

Ist das Regiment des Gutsverwalters hart, so ist das des Pfarrers nicht besser.
Ge cruaidh reachd a' Bhàillidh, chan fheàrr reachd a' Mhinisteir.
Schottland – Nicolson 1881: 194.

Es ist nicht recht, aus jedem Holz einen Priester zu machen.
Ní de gach adhmad is coir sagart a dhéanamh.
Irland – Ó Muirgheasa 1907: 18.

Einen Priester macht man nicht ohne Bildung, und Bildung macht keinen Priester.
Cha dèanar sagart gun fhoghlum, 's cha dèan foghlum sagart.
Schottland – Nicolson 1881: 95.

Vier Priester, die nicht gierig sind, vier Franzosen, die nicht feige sind, vier Schuster, die nicht verlogen sind – Das sind zwölf, die im Land nicht sind.
Ceathrar sagart gan a bheith sanntach,/Ceathrach Francach gan a bheith bhuidhe,/Ceathrar grèusaidhe gan a bheith brèugach,/Sin dà fhear dhèug nach b-fhuil 's a tìr.
Irland – MacAdam 1858–62: 284.

Ein Priester tot – ein anderer an seiner Stelle.
Ur beleg marv, un all en e lec'h.
Bretagne – Sauvé 1878: 132.

Die drei besten Hände der Welt: Die Hand eines tüchtigen Zimmermanns, die Hand einer geschickten Frau, die Hand eines wackeren Schmieds.
Trí duirn atá dech for bith: dorn degsháir, dorn degmná, dorn deggobann.
Irland – *Trecheng Breth Féne* (Meyer 1906: 10).

Streit und Versöhnung

Aus kleiner Ursache kam oft großer Streit.
Is tric a thàinig trod mòr à aobhar beag.
Schottland – Macintosh 1785: 50.

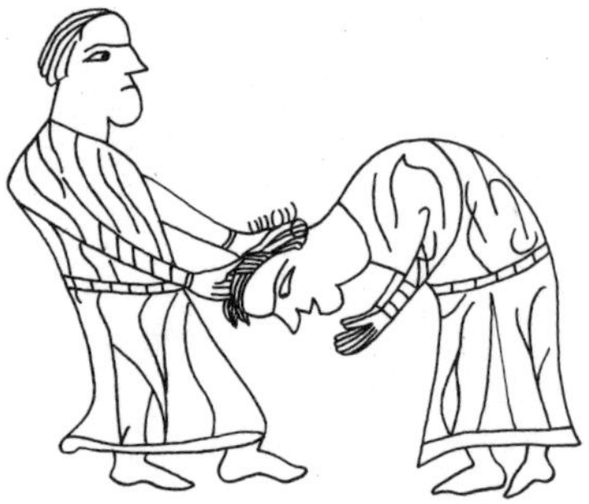

Stolz schafft Streit.
Balchder a bair cynnen.
Wales – Roberts 1885: 64.

Für einen Streit braucht es zwei.
Rhaid cael dau i ffraeo.
Wales – Evans 1965: 52.

«Du hast zuerst angefangen» – wie der Dummkopf zum Stier sagte.
Is tù fhèin a thòisich an toiseach, mar a thuirt an t-amadan ris an tarbh.
Schottland – Nicolson 1881: 293.

Ein schmutziges Schaf reibt sich gern an den anderen.
Dañvad kailharet peurvuiañ ouzh ar re all 'glask em frotañ.
Bretagne – Sauvé 1878: 20.

Streit verdient Versöhnung.
Dligid augrae etargaire.
Irland – *Bríathra Flainn Fhína* (Ireland 1999: 70).

Vergebung ist besser als Rache.
Ferr dígde dígail.
Irland – *Bríathra Flainn Fhína* (Ireland 1999: 80).

Denke zweimal, bevor du einmal zuschlägst.
Meddwl ddwywaith cyn taro unwaith.
Wales – Evans 1965: 40.

Versöhnung ist leicht, wo Liebe ist.
Hawdd cymod lle bo cariad.
Wales – *Englynion y Misoedd* (Jackson 1935a: 39 und 1935b: 73); Salesbury 1547; Davies 1632; Howell 1659: 18.

Streit unter Freunden und Friede zwischen Feinden – zwei Dinge, um die man sich nicht bekümmern sollte.
Trod chàirdean agus sìth nàimhdean, dà rud nach còir feairt a thoirt orra.
Schottland – Nicolson 1881: 373.

Freunde streiten, doch nur Feinde schlagen sich.
Trodaidh na càirdean, ach cha bhuail ach na nàimhdean.
Schottland – Nicolson 1881: 207.

Drei, die nie miteinander einig werden: Zwei verheiratete Frauen in ein und demselben Haus, zwei Katzen über einer einzigen Maus, zwei Junggesellen, die hinter ein und derselben jungen Frau her sind.
Trí nithe ná réitigheann le chéile choidhche, l – beirt bhan phósta, i n-aon tigh, dhá chat os cionn aon luiche, beirt bhaitsiléir i ndiaidh aon óigmhná.
Irland – O'Rahilly 1922: 77–78.

Wenn zwei Schurken sich streiten, kommt der Anständige zu seinem Anteil.
Nuair a thuiteas rógairí amach, tiocfaidh an duine macánta ar a chuid.
Irland – Ó Muirgheasa 1907: 54. Ähnlich in Wales (Salesbury 1547; Davies 1632; Howell 1659: 30), *Pan êl lladron i ymgyhuddo y caiff cywiriaid eu da.*

Tatkraft und Trägheit

Wo ein Wille, ist eine Tat.
Far am bi toil bidh gnìomh.
Schottland – Nicolson 1881: 179.

Wollen ist Können.
Kaout c'hoant a zo gallout.
Bretagne – Sauvé 1878: 4.

Der erste Schritt ist der beste.
Y cam cyntaf yw y goreu.
Wales – Jones 1880: 330.

Zwei Drittel einer Reise: die Vorbereitung.
Deupart taith, ymbaratoi.
Wales – Davies 1632, Howell 1659: 11.

Zwei Drittel des Erfolgs sind Fleiß.
Deuparth llwyddiant, diwydrwydd.
Wales – Roberts 1885: 130.

Vom langen Schlafen kommt nichts Gutes.
Ni ddaw da o drachysgu.
Wales – *Llyfr Coch Hergest* (Jackson 1935a: 22 und 1935b: 58).

Lieber früh aufstehen als spät aufsitzen.
Is fearr èirigh moch nà suidhe mall.
Irland – MacAdam 1858–62: 181; ähnlich in Schottland (Macintosh 1785: 40), *Is feàrr eirigh moch na suidhe an-moch.*

Der Rabe, der früh aufsteht, bekommt das Auge des Tiers im Sumpf.
Am fitheach a dh'èireas moch, 's ann leis a bhios sùil a' bheothaich a tha sa pholl.
Schottland – Nicolson 1881: 24.

Der Erste in der Mühle mag als Erster mahlen.
Y cyntaf i'r felin maler yn gyntaf.
Wales – Salesbury 1547.

Um einen Fuchs oder Hasen zu fangen, muss man sehr früh aufstehen.
Evit pakañ louarn pe gad ez eo red sevel mintin mat.
Bretagne – Sauvé 1878: 4.

Das scharrende Huhn findet etwas – das Huhn, das sich bückt, bekommt nichts.
Gheabh cearc an sgrìobain rudeigin, 's chan fhaigh cearc a' chrùbain dad idir.
Schottland – Nicolson 1881: 203; ähnlich Campbell 1978: 183.

Zu einem schlafenden Fuchs kommt kein Stück Nahrung.
Da louarn kousked na zeu tamm boued.
Bretagne – Sauvé 1878: 4.

Während die Kühe darauf warten, dass das Gras wächst, sterben sie Hungers.
O c'hortoz ar ieot da zevel, e varv ar saout gant an naon.
Bretagne – Sauvé 1878: 6.

Ein fauler Hirte ist der Freund des Wolfs.
Cyfaill blaidd bugail diog.
Wales – *Llyfr Coch Hergest* (Jackson 1935a: 33 und 1935b: 69); Salesbury 1547; Davies 1632; Howell 1659: 2.

Wer zu spät kommt, hat den Schaden.
Bíonn an fear deireanach díoghbhálach.
Irland – O'Rahilly 1922: 9.

Das Nicken der Köpfe macht nicht das Rudern.
Chan e gnogadh nan ceann a ni an t-iomramh.
Schottland – Macintosh 1785: 16.

Die Backe macht nicht das Dudelsackspiel.
Cha dèan a' phluic a' phìobaireachd.
Schottland – Nicolson 1881: 92.

Leeres Geschwätz macht keinen Seetang.
Cha dèan sgleogaireachd ceilp.
Schottland – Nicolson 1881: 94.

Wer am besten sät, erntet am besten.
Am fear as fheàrr a chuireas, 's e as fheàrr a bhuaineas.
Schottland – Nicolson 1881: 16.

Wer im März nicht sät, wird im Herbst nicht ernten.
Am fear nach cuir sa Mhàrt cha bhuain e san Fhoghar.
Schottland – Nicolson 1881: 20; ähnlich in Ulster (MacAdam 1858–62: 177), *An tè nach g-cuireann 'sa n-earrach, cha bhaineann se san fhoghmhar* («Wer im Frühling nicht sät, wird im Herbst nicht ernten»).

Wer an einem kalten Tag nicht sät, wird an einem warmen Tag nicht ernten.
Am fear nach dèan cur ri là fuar, cha dèan e buain ri là teth.
Schottland – Macintosh 1785: 4; ähnlich Campbell 1978: 180.

Wer im Sommer arbeitet, kann im Winter singen.
A lafur tra pery'r haf a gân drwy gydol gaeaf.
Wales – Roberts 1885: 128.

Schmiede das Eisen, solange es heiß ist.
Buail an t-iarann fhad 's a tha e teth.
Schottland – Nicolson 1881: 72.

Ein satter Hund jagt nicht.
Cha dèan cù sàthach sealg.
Schottland – Nicolson 1881: 93.

Dicke Gans fliegt nicht weit.
Nid yw gwydd fras yn hedfan ymhell.
Wales – Evans 1965: 48.

Der fleißige Schwache ist dem faulen Starken über.
Thèid an t-anfhann dìchiollach thar an làidir leisg.
Schottland – Nicolson 1881: 364.

Der Faule findet immer eine Ausrede.
Bepred didalvez a gav digarez.
Bretagne – Sauvé 1878: 8.

Faulheit ist die Mutter der Armut.
Didalvedigez mamm ar baourentez.
Bretagne – Sauvé 1878: 8. Ebenso in Wales (Evans 1965: 28), *Diogi yw mam tlodi.*

Trägheit und Trunkenheit machen Henker reich.
Segurdod a meddwdod a wna grogyddion yn gyfoethog.
Wales – Evans 1965: 54.

Ein fauler Junger – ein armer Alter.
Fear óg fallsa – sean-fhear bocht.
Irland – Ó Muirgheasa 1907: 106.

Ein fauler Junger gibt einen rüstigen Alten.
Ni òigear leisg bodach brisg.
Schottland – Nicolson 1881: 334.

Der Faule lebt am längsten.
Is e 'n duine dìomhain a 's fhaide mhaireas.
Schottland – Nicolson 1881: 231.

der teufel

Oft hat der Teufel selbst das Aussehen eines Engels.
Is minic cuma aingil ar an diabhal fhéin.
Irland – Ó Muirgheasa 1907: 140.

Sprich vom Teufel, und er wird erscheinen.
Tracht air an diabhal, agus taisbeanaidh se è fèin.
Irland – MacAdam 1858–62: 228; ebenso in Wales (Roberts 1885: 122), *Soniwch am ddiawl ac fe ymddengys.*

Schlecht erhält der Teufel seinen Knecht.
Drwg y ceidw diawl ei was.
Wales – Davies 1632; Howell 1659: 3.

Im Hellen ist nicht gut spazieren, dort wo der Teufel die Kerze hält.
Nid da rhodio yn y gwawl lle dalio'r diawl y ganwyll.
Wales – Roberts 1885: 122.

Um mit dem Teufel zu essen, braucht man einen langen Löffel.
Rhaid llwy hir i fwyta gyda'r diawl.
Wales – Roberts 1885: 122.

Der Vater der Lüge hat die größte Familie.
Gyda thad y celwydd y mae'r teulu mwyaf.
Wales – Evans 1965: 34.

Es gibt keinen Teufel außer dem Hass.
Namyn cas nid oes cythraul.
Wales – Roberts 1885: 82 mit der Variante *Namyn cas nid oes uffern* («Es gibt keine Hölle außer dem Hass»).

der tod und die toten

Besser ein lebender Hund als ein toter Löwe.
Feárr mada beó na león marbh.
Irland – Bourke 1856: 172; ebenso in Schottland, *Is feàrr cù beò na leòmhann marbh* (Macintosh 1785: 52 und Nicolson 1881: 244 mit dem Hinweis auf das biblische Vorbild, *Prediger* 9:4).

Drei Tode, die besser als das Leben sind: der Tod eines Lachses, der Tod eines fetten Schweins, der Tod eines Räubers.
Trí báis ata ferr bethaid: bás iach, bás muicce méithe, bás foglada.
Irland – *Trecheng Breth Féne* (Meyer 1906: 12).

Der Tod nimmt keine Bestechung an.
Cha ghlacann an bás duais.
Irland – Ó Muirgheasa 1907: 84.

Niemand weiß, wo sein Stück Rasen sein wird.
Nid hysbys i neb p'le bydd ei dywarchen.
Wales – Roberts 1885: 32.

Sicher ist nur der Tod.
Nid dir ond angeu.
Wales – Roberts 1885: 32.

Auch wer am längsten lebte, starb.
Am fear as fhaide bha beò, fhuair e am bàs.
Schottland – Nicolson 1881: 15.

Der Tod achtet weder Seide noch Purpur.
Ni pheirch yr angeu na sidan na phorphor.
Wales – Roberts 1885: 32.

Der Tod sieht nicht darauf, wer das schönste Gesicht hat.
Nid edrych yr angeu pwy deccaf ei dalcen.
Wales – Roberts 1885: 32.

Ein Grab macht alle gleich.
Bedd a wna bawb yn gydradd.
Wales – Evans 1965: 23.

Der Tod kommt nicht ohne Grund.
Cha d-tig a bàs gan adhbhar.
Irland – MacAdam 1858–62: 282.

Der Tod kommt nicht, bis die Zeit kommt.
Cha tig am bàs gun tig an t-àm.
Schottland – Nicolson 1881: 130.

Der Tod steht dem Alten gegenüber und hinter dem Rücken des Jungen.
Bíonn an bás ar aghaidh an tsean-duine, is ar chúlaibh an duine óig.
Irland – Ó Muirgheasa 1907: 78.

Der Schlaf ist der Bruder des Todes.
Dearbhráthair don bhás an codladh.
Irland – O'Rahilly 1922: 47.

Besser ein Grab als ein elendes Leben.
Gwell bedd na buchedd anghenawl.
Wales – Davies 1632; Howell 1659: 15; Roberts 1885: 32 mit den beiden Varianten *Gwell angeu na byw annoeth* («Besser den Tod als unvernünftig leben») und *Gwell bedd na bywyd gwydfawr* («Besser den Tod als ein sündiges Leben»).

Besser Sklave als erschlagen.
Ferr mug marbad.
Irland – *Bríathra Flainn Fhína* (Ireland 1999: 80).

Vor einem Toten sieht sich keiner vor.
A fo marw ni ymogelir.
Wales – *Llyfr Gwyn Rhydderch* (Phillimore 1886: 138); Salesbury 1547; Davies 1632; Howell 1659: 2.

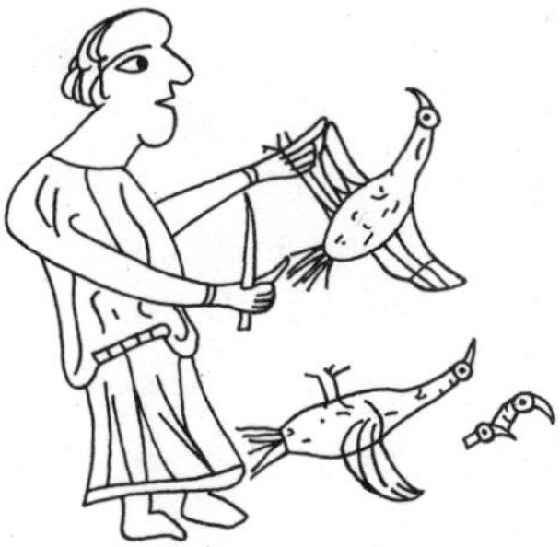

Was der Tod holt, gibt er nicht wieder her.
A ddwg angau, nid adfer.
Wales – Davies 1632.

Besser Metzger sein als Kalb.
Gwelloc'h eo bezañ kiger eget bezañ leue.
Bretagne – Sauvé 1878: 20.

Besser, den Wolf zu töten, als von ihm getötet zu werden.
Gwelloc'h eo lazhañ ar bleiz evit bezañ lazhet gant-han.
Bretagne – Sauvé 1878: 20.

Übung und Gewohnheit

Übung trifft jeden Versuch auf halbem Weg.
Arfer a ddaw hanner y ffordd i gyfarfod â phob ymgais.
Wales – Roberts 1885: 58.

Übung macht erfahren.
Is e 'n cleachdadh a ni teoma.
Schottland – Nicolson 1881: 230.

Übung macht Meister.
Arfer a wna meistri.
Wales – Roberts 1885: 58 mit der Variante *Arfer yw mam meistrolaeth* («Übung ist die Mutter der Meisterschaft»).

Übung erleichtert die schwierigsten Dinge.
Arfer a wna yn hawdd y pethau mwyaf anhawdd.
Wales – Roberts 1885: 58.

Gewohnheit ist stärker als Vorsatz.
Trech arfer nag arfaeth.
Wales – Roberts 1885: 60.

Gewohnheit ist stärker als Recht.
Arfer sydd drech na deddf.
Wales – Roberts 1885: 60.

Die Gewohnheit, die einer zu Hause hat, wird er auch in Gesellschaft haben.
An cleachdadh a bhios aig duine a-stigh, bidh e aige air chèilidh.
Schottland – Nicolson 1881: 27.

Unglück

Drei Töchter, die zum Unglück noch Hass hinzufügen: Geschwätzigkeit, Faulheit, Unaufrichtigkeit.
Trí hingena berta miscais do míthocod: labra, lesca, anidna.
Irland – *Trecheng Breth Féne* (Meyer 1906: 14).

Ist das Unglück einmal da, ist man besser einäugig als blind.
Pa ve arruet ar-gwall, gwell eo born evit dall.
Bretagne – Sauvé 1878: 20.

Von allen Übeln ist das kleinste das beste.
O bob drwg, gorau'r lleiaf.
Wales – Evans 1965: 49.

Das Unglück kommt mit einer Lehre in der Hand.
Adfyd a ddaw a dysg yn ei law.
Wales – Roberts 1885: 6.

Unglück und Schaden machen einen Mann klug.
Adfyd a phall a wnant ddyn yn gall.
Wales – Roberts 1885: 6.

Unglück bringt Wissen, und Wissen Weisheit.
Adfyd a ddwg wybodaeth, a gwybodaeth ddoethineb.
Wales – Roberts 1885: 6.

Unglück kommt gerannt und entfernt sich schleichend.
Anffawd a ddaw tan redeg ac a â ymaith dan ymlusgo.
Wales – Roberts 1885: 28.

Besser Unglück haben als es fürchten.
Gwell anffawd o'i gael nag o'i ofni.
Wales – Roberts 1885: 28.

Es gibt nichts Schlimmes, das nicht noch schlimmer sein könnte.
Chan fhuil dadaidh olc nach dtiocfadh leis a bheith níos measa.
Irland – Ó Muirgheasa 1907: 226.

Not ist der beste Lehrer.
Goreu athraw caledi.
Wales – Roberts 1885: 8.

In jeder Not ist eine Lehre.
Yn mhob cyfyngder y mae addysg.
Wales – Roberts 1885: 8.

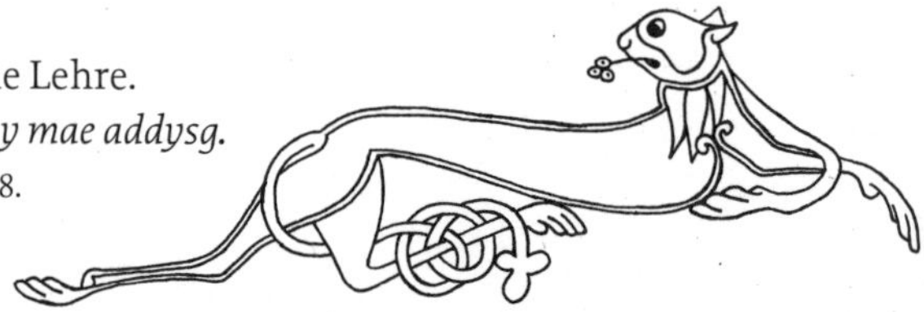

«Es gibt nichts Schlimmeres als Überfluss» – sagte die alte Katze, als sie in der Milch ertrank.
«Chan fhuil aon rud níos measa nó an bharraidheacht», ars' an sean-chat nuair a bháidheadh é ins a' bhainne.
Irland – Ó Muirgheasa 1907: 232.

unmögliches

Man kann nicht pfeifen und Mehl kauen.
Cha dtig le duine feadalaigh agus min a chogaint.
Irland – Ó Muirgheasa 1907: 66.

Man kann nicht die Kuh verkaufen und ihre Milch trinken.
Chan fhaodar a' bhò a reic 's a bainne òl.
Schottland – Nicolson 1881: 117.

Du kannst dein Brot nicht essen und es behalten.
Cha dtig leat d' arán a ithe agus é a bheith agat.
Irland – Ó Muirgheasa 1907: 66.

Wer die Frucht besitzen will, darf nicht die Blüte zerstören.
Chan fheum an tì a shealbhaicheas an toradh am blàth a mhilleadh.
Schottland – Nicolson 1881: 118.

Trockene Füße fangen keine Fische.
Cha dèan casan tioram iasgach.
Schottland – Campbell 1978: 184.

Man bekommt das Süße nicht ohne das Bittere.
Ni chair y melus heb y chwerw.
Wales – Salesbury 1547.

Ohne Schatten keine Sonne.
Cha dual grian gan sgáile.
Irland – Ó Muirgheasa 1907: 210.

Wenn beide Enden der Kerze brennen, bleibt sie nicht lange stehen.
Nuair atá dá thaoibh na coinnle lasta, cha seasann sí i bhfad.
Irland – Ó Muirgheasa 1907: 132.

Wer nicht gehorchen kann, kann nicht befehlen.
Ar hini na oar sentiñ, na oar ket komandiñ.
Bretagne – Sauvé 1878: 6.

Du kannst nicht die Hand ins Feuer stecken und unversehrt wieder herausziehen.
Cha dtig leat do lámh a chur sa teinidh is í a thabhairt amach go sábhalta.
Irland – Ó Muirgheasa 1907: 132.

Verhältnismäßigkeit

«Viel Geschrei und wenig Wolle» – wie der Teufel sagte, als er das Schwein schor.
Mòran sgalan, 's beagan ollainn, m'n dubhairt Muisein 's e a' lomairt na muic.
Schottland – Nicolson 1881: 319.

Für haarige Butter genügt schmutziges Salz.
Fòghnaidh salann salach air ìm ròinneagach.
Schottland – Nicolson 1881: 186.

Man muss nicht nach jedem Hund, der bellt, Steine werfen.
N'eo ket red taol mein war-lec'h kement ki a c'harzh.
Bretagne – Sauvé 1878: 22.

Besser ein kleines Feuer, das wärmt, als ein großes Feuer, das verbrennt.
Is féarr teine bheag a ghoras nó teine mhór a losgas.
Irland – Ó Muirgheasa 1907: 62.

Nimm kein Dachstroh von deinem Haus, um das Haus eines anderen mit Schiefer zu decken.
Ná bain tuighe de do thoigh féin le sglátaí a chur ar thoigh fir eile.
Irland – Ó Muirgheasa 1907: 134.

Oft entfachte kleiner Funke großes Feuer.
Is tric a bheothaich srad bheag teine mòr.
Schottland – Nicolson 1881: 291. Nach Curtius Rufus, *Historiae Alexandri Magni Macedonis* 6,3,11, *Parva saepe scintilla contempta magnum excitavit incendium.*

Im Land der Blinden ist der Einäugige König.
Unllygeidiog a wna frenin yng ngwlad y deillion.
Wales – Evans 1965: 57.

Davon ist er kleiner, davon ist er kleiner – wie der Zaunkönig sagte, als er einen Schnabel voll aus dem Meer holte.
Is bigid e sid, is bigid e sid, mar a thuirt an dreathan, an uair a thug e làn a ghoib as a' mhuir.
Schottland – Nicolson 1881: 218.

VORSICHT UND UNGESTÜM

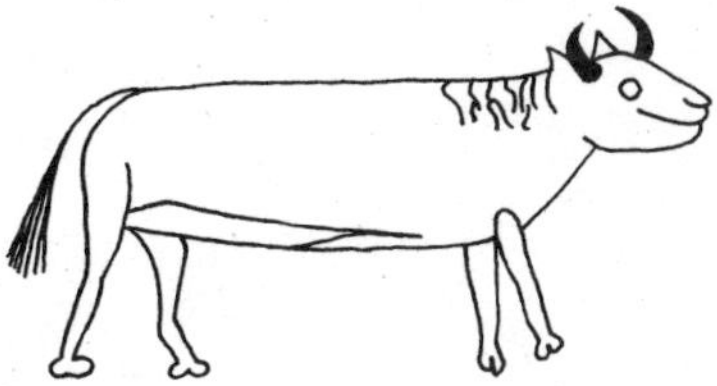

Vier Dinge, denen ein Ire nicht trauen sollte: dem Horn einer Kuh, dem Huf eines Pferdes, dem Zähnefletschen eines Hundes und dem Lächeln eines Engländers.
Cheithre nithe nách tugtha d'Éireannach ionntaoibh leó, .i. adharc bhó, crúb chapaill, dranna madra, agus gàire Sagsanaigh.
Irland – M. Ó Longáin um 1800 (O'Rahilly 1922: 66–67).

Ein langsames Pferd erreicht die Mühle, doch nicht das Pferd, das sich die Knochen bricht.
Ruigidh each mall muilean, 's cha ruig an t-each a bhriseas a chnàmhan.
Schottland – Macintosh 1785: 60.

Wer sich nicht vorsieht, wird zurücksehen.
Am fear nach seall roimhe, seallaidh e na dhèidh.
Schottland – Macintosh 1785: 3.

Hübsch langsam geht man weit.
Yn araf deg yr â gwr yn mhell.
Wales – Roberts 1885: 196.

Gib aus mit einer Hand, erwirb mit beiden.
Bwrw a'th unllaw, cais a'th ddwylaw.
Wales – Roberts 1659: 2; Roberts 1885: 108.

Besser in der Mitte der Furt umkehren, als in der Flut ertrinken.
Is fearr pilleadh as làr an atha nà bathadh 'sa tuile.
Irland – MacAdam 1858–62: 178; ähnlich in Schottland (Macintosh 1785: 41), *Is feàrr tilleadh am meadhon an àtha na bàthadh uile* («Besser in der Mitte der Furt umkehren, als ganz ertrinken»).

Meide die Furt, wo dein Freund ertrank.
Seachain an t-àth far an do bhàthadh do charaid.
Schottland – Nicolson 1881: 344.

Der windige Tag ist nicht der Tag, das Dachstroh anzubringen.
Ní h-é lá na gaoithe lá na sgolb.
Irland – Bourke 1856: 182; MacAdam 1858–62: 179.

Sieh dich vor, ehe du springst.
Amhairc romhad mun toir thu do leum.
Schottland – Macintosh 1785: 7.

Wer schnell geht, geht weit, wer langsam geht, besser.
An hini a ya fonnus a ya pell, an hini a ya difonn a ya well.
Bretagne – Sauvé 1878: 10.

Zähle nicht die Küken, bevor sie geschlüpft sind.
Nà cuntais na sicìnidh no go mbeidh siad leigthe.
Irland – MacAdam 1858–62: 180.

Zähle nie die Fische, bevor sie aus dem Meer gekommen sind.
Na àireamh achaoidh an t-iasg gus an tig e as a' mhuir.
Schottland – Nicolson 1881: 322.

Glaube keine Neuigkeiten, bevor sie alt sind.
Na ro goel i newyddion oni bo'nt yn hen.
Wales – Roberts 1885: 88.

Springe dort über die Mauer, wo sie am niedrigsten ist.
Leum an gàrradh far an ìsl' e.
Schottland – Macintosh 1785: 52.

Wechsle nicht das Pferd, wenn du im Begriff bist, den Fluss zu überqueren.
Ná tabhair malairt de do chapall nuair atá tú ag dul trasna ar an abhainn.
Irland – Ó Muirgheasa 1907: 118.

Gehe nicht in die Nähe des Hundes, bevor sein Bauch voll ist.
Ná téidh i gcómhair an mhadraidh go mbéidh a bholg lán.
Irland – Ó Muirgheasa 1907: 134.

Wer Dornen sät, soll nicht barfuß gehen.
A heuo ddrain, na fid droednoeth.
Wales – Evans 1965: 21.

Wenn der Fuchs predigt, soll jeder auf seine Gänse aufpassen.
Pan bregetho'r llwynog, cadwed pawb ei wyddau.
Wales – Evans 1965: 50.

Umsicht ist besser als Stärke.
Is feárr stuaim ná neart.
Irland – Bourke 1856: 175.

Wecke nicht den Hund, der schläft.
Na ddeffro'r ci sy'n cysgu.
Wales – Salesbury 1547.

Weh dem, der einem Fremden vertraut.
Gwae a ymddiried i estrawn.
Wales – *Llyfr Coch Hergest* (Jackson 1935a 27 und 1935b: 63).

Siehst du auch draußen das schöne Wetter, lass deinen Mantel nicht drinnen.
Ged a chitheadh tu an turadh a-muigh, na fàg do mhanntail a-staigh.
Schottland – Campbell 1978: 192.

Vor dem Anfang schau auf das Ende.
Cyn cychwyn, gwêl y diwedd.
Wales – Evans 1965: 26.

Wahrheit und Lüge

Die Wahrheit ist oft bitter.

Bìann an fhirinne searbh go minic.

Irland – MacAdam 1858–62: 257. Ähnlich in Schottland (Nicolson 1881: 278), *Is minig an fhìrinn searg ri h-ìnnse* («Die Wahrheit ist oft bitter zu erzählen»).

Was jeder sagt, muss wahr sein.

An nidh a deir gach uile dhuine, caithidh se bheith fior.

Irland – MacAdam 1858–62: 231. Ähnlich in Wales (Roberts 1885: 164), *A ddywedo pob un gwir yw* («Was jeder sagt, ist wahr») und in Schottland (Nicolson 1881: 35), *An rud a their a h-uile duine, bithidh e fior.*

Besser ein wahres Wort als hundert schöne Worte.

Gwell un gair gwir na chant gair teg.

Wales – Roberts 1885: 164.

Wie die Amsel auf ihrem Nest schweigt auch der Lügner niemals still.

A mwyalch ar ei nyth a chelwyddawg ni theu fyth.

Wales – *Llyfr Coch Hergest* (Jackson 1935a: 21 und 1935b: 57).

Unrein ist der Mund des Meineidigen.

Aflan genau anudonol.

Wales – Salesbury 1547; Davies 1632; Roberts 1885: 54.

Die Lüge geht nicht tiefer als die Haut.

Cha tèid a' bhreug nas fhaide na 'n craicionn.

Schottland – Nicolson 1881: 129.

Die Lüge geht oft weiter als die Wahrheit.
Minic gur sia théid an bhréag ná an fhírinne.
Irland – O'Rahilly 1922: 11.

Lüge währt nur kurze Zeit.
Cha mhair a'bhreug ach rè seal.
Schottland – Nicolson 1881: 104.

Die Lüge steht auf nur einem Bein.
Cha sheas a' bhreug ach air a leth-chois.
Schottland – Nicolson 1881: 128.

Ein Bein ist mehr als genug für die Wahrheit, doch die Lüge fällt auch mit dreien.
Tha aon chas nas leòr don fhìrinn, ach tuitidh a' bhreug le trì.
Schottland – Nicolson 1881: 354.

Eine Lüge ist der beste Fußgänger.
Goreu peddester yw gau.
Wales – Howell 1659: 3; ähnlich Roberts 1885: 56, *Goreu cerddedydd, gau.*

Unerprobt ist jeder rechtschaffen.
Tha a h-uile duine còir gun fheuchainn.
Schottland – Nicolson 1881: 358.

Kein Schwätzer, der nicht auch verlogen war.
Cha robh sgeulach nach robh breugach.
Schottland – Nicolson 1881: 126.

Keiner log, der nicht auch diebisch war.
Cha robh breugach nach robh bradach.
Schottland – Nicolson 1881: 124.

Der Lügner ist ein Bruder des Diebs.
Brawd yw celwyddog i leidr.
Wales – Roberts 1885: 54.

Um zu lügen, braucht es ein gutes Gedächtnis.
Rhaid cof da i ddywedid celwydd.

Wales – Roberts 1885: 56. Ähnlich in Schottland (Nicolson 1881: 210), *Imridh fear nam breug cuimhne math a bhi aige* («Der Lügner braucht ein gutes Gedächtnis»). Nach dem bereits von Quintilian, *De institutione oratoria* 4,2,91 zitierten lateinischen Sprichwort *Mendacem memorem esse oportet.*

Eine Schreibfeder verweigert sich keiner Lüge.
Cha diùlt peann breug.

Schottland – Nicolson 1881: 97.

Jedes Sprichwort ist wahr.
Pob dihareb gwir.

Wales – Salesbury 1547.

WANDEL UND VERÄNDERUNG

Kein Felsen, den der Strom nicht verändert.
Chan eil carraig air nach caochail sruth.
Schottland – Nicolson 1881: 112.

Keine Flut, die nicht abebbt.
Níl tuile ná trághann.
Irland – O'Rahilly 1922: 29–30. Ähnlich in Schottland (Macintosh 1785: 15), *Chan eil tuil air nach tig traogha.*

Nach einem Sturm kommt Stille.
Tar èis stoirme thig sith.
Irland – MacAdam 1858–62: 282.

Nach Regenschauern kommt Sonnenschein.
Thig grian a n-diaigh na fearthanna.
Irland – Bourke 1856: 185. Ähnlich in Wales (Roberts 1885: 212), *Ar ôl glaw tes a ddaw* («Auf Regen folgt Sonnenschein»).

Wenn es am stärksten regnet, ist das schöne Wetter am nächsten.
An t-am is mó atá sé ag fearthainn, 'sin an t-am is foisge do'n turadh.
Irland – Ó Muirgheasa 1907: 58.

Schon mancher neblige Morgen wurde zu einem schönen Tag.
'S iomdha maidin chéodhach a thionntuigh amach 'na lá mhaith.
Irland – Ó Muirgheasa 1907: 140.

Ist der Tag auch lang, kommt doch am Ende die Nacht.
Má 's fada an lá, tig an oidhche fá dheireadh.
Irland – Ó Muirgheasa 1907: 80.

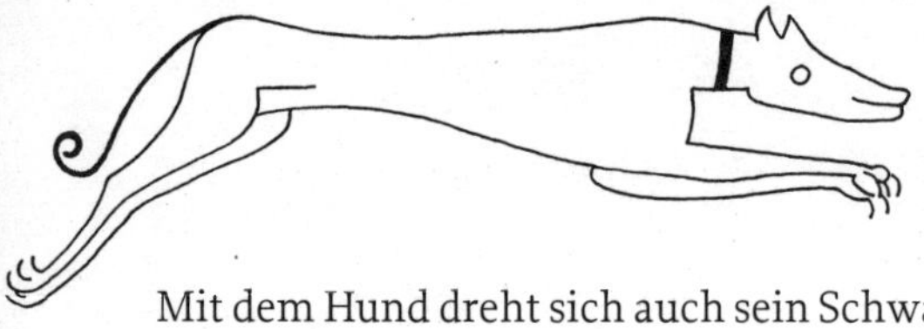

Mit dem Hund dreht sich auch sein Schwanz.
Gyda'r ci y cerdd ei gynffon.
Wales – Howell 1659: 1.

Die größte Neuigkeit in diesem Jahr ist nächstes Jahr die kleinste.
An naidheachd as mò am bliadhna, 's i 's lugha an ath-bhliadhna.
Schottland – Nicolson 1881: 31.

Wissen und Erfahrung

Unwissenheit ist eine schwere Bürde.
Is trom an eire an t-aineolas.
Schottland – Macintosh 1785: 39.

Der Unwissende zeigt schnell, was er weiß, geradeso wie ein Kind sein Spielzeug.
Anwybodus a ddengys yn fuan a wyr, fel plentyn yn dangos tegan.
Wales – Roberts 1885: 56.

Was man nicht weiß, verbirgt man am besten.
Goreu y celid peth nis gwypid.
Wales – Roberts 1885: 56.

Die beste Kenntnis ist Selbsterkenntnis.
Gorau adnabod, d'adnabod dy hun.
Wales – Evans 1965: 31.

Hundert Hören sind nicht soviel wert wie ein einziges Sehen.
Kant klevet na dalvont ket ur gwelet.
Bretagne – Sauvé 1878: 26.

Niemand weiß weniger als wer alles weiß.
Ni ŵyr neb lai na'r hwn a ŵyr y cyfan.
Wales – Roberts 1885: 56 mit der Variante *Nid anwybodus ond a dybio ei fod yn gwybod y cyfan* («Niemand ist unwissend außer dem, der alles zu wissen meint»).

Den Weisen lehrt sein Nachdenken, den Narren seine Erfahrung.
Addysg doeth ei ymbwyll, Addysg ffol ei ymbrawf.
Wales – Roberts 1885: 12.

Der Unerfahrene bricht sich den Hintern beim Scheißen.
Anghyfarwydd a dir ei din yn cachu.
Wales – Davies 1632; Howell 1659: 2.

Erfahrung ist die Mutter der Weisheit.
Profiad yw mam doethineb.
Wales – Evans 1965: 52.

Verbranntes Kind fürchtet das Feuer.
Bíonn eagla na teineadh ar a' leanbh doighte.
Irland – Ó Muirgheasa 1907: 66.

Auf unbekanntem Pfad ist jeder Fuß langsam.
Is mall gach cos ar chasán gan eolas.
Irland – Ó Muirgheasa 1907: 66.

Besser das bekannte Übel als das unbekannte.
Gwell ydyw'r drwg a wyddis na'r drwg nis gwyddis.
Wales – Jones 1880: 315.

worte und taten

Besser einer, der tut, als hundert, die reden.
Gwell eo eun oberer evit kant lavarer.
Bretagne – Sauvé 1878: 6.

Mund spricht, doch Tat beweist.
Beul a labhras, ach gnìomh a dhearbhas.
Schottland – Nicolson 1881: 63.

Eine Schuld ist für jeden sein Versprechen.
Dyled ar bawb ei addaw.
Wales – Davies 1632; Howell 1659: 11. Ähnlich in Schottland (Macintosh 1785: 44), *Is fiach air duine na ghealllas e.*

«Willens» begleicht keine Schulden.
Cha dìol «toileach» fiach.
Schottland – Nicolson 1881: 97.

Ein Versprechen kann man nicht anbinden.
Cha chuirear gad air gealladh.
Schottland – MacDonald 1926: 38.

Wer am meisten verspricht, hält am wenigsten.
Am fear as mò a gheallas, 's e as lugha choimh-gheallas.
Schottland – Nicolson 1881: 16.

Wer schnell verspricht, enttäuscht oft.
Am fear a tha grad gu gealladh, 's tric leis mealladh.
Schottland – Nicolson 1881: 24.

Besser ein Nein als ein falsches Versprechen.
Gwell nag na dau addewid.

Wales – Salesbury 1547; Roberts 1885: 10 mit der auch bei Davies 1632 und Howell 1659: 17 angeführten Variante *Gwell nag na dau addewid* («Besser ein Nein als zwei Versprechen»).

Versprechen ist leicht, doch Erfüllen schwierig.
Hawdd addaw ond anhawdd cywiraw.

Wales – Roberts 1885: 10.

Versprechen ist eines, Erfüllen ein anderes.
Un peth yw addaw, peth arall yw cywiraw.

Wales – Roberts 1885: 10.

Besser ein einziges «Nimm!» als zwei Versprechen.
Gwell un hwda na dau addaw.

Wales – *Englynion Y Clyweit* (Williams u. Parry-Williams 1927: 15); *Peniarth 17* (Lewis 1929: 9).

Schöne Worte bringen nicht die Saat auf das Feld.
Ni wna geiriau têg hau y tir.

Wales – Roberts 1885: 22.

die zeit

Die Zeit geht vorüber, beim Spiel wie bei der Arbeit.
Amser a â heibio, wrth chwarae ac wrth weithio.
Wales – Roberts 1885: 24.

Vor der Zeit kann man sich nicht leicht verstecken.
Nid hawdd cuddio rhag amser.
Wales – Roberts 1885: 26.

Die Zeit bleibt nicht stehen, und die Gezeiten kennen keine Gnade.
Cha stad na tràthan, 's chan eil bàidh aig seòl-mara.
Schottland – Nicolson 1881: 129.

Mit der Zeit wird alles offenbar.
Foillsighthear gach nidh le h-aimsir.
Irland – Bourke 1856: 172.

Die Zeit erweist es.
Amser a ddengys.
Wales – Jones 1877: 363.

Die Zeit erzählt alles.
Innsidh ùine a h-uile rud.
Schottland – Nicolson 1881: 210.

Verspätung ist besser als Eile.
Ferr drúb déini.
Irland – *Bríathra Flainn Fhína* (Ireland 1999: 82).

Alles hat seine Zeit.

Amser sydd i bob peth.

Wales – Salesbury 1547; Davies 1632 mit der Variante *Pob peth yn ei amser* («Alles zu seiner Zeit»); Howell 1659: 6. Ebenso in der Bretagne (Sauvé 1878: 10), *Ur poent a zo evit pep tra.*

Besser spät als zu spät.

Fearr déanaighe ná ró-dhéanaighe.

Irland – O'Rahilly 1922: 27–28; ähnlich MacAdam 1858–62: 181, *Is fearr mall nà go brath* («Lieber spät als gar nicht») und in Wales (Roberts 1885: 194), *Gwell hwyr na hwyrach* («Besser spät als später»).

Je eher, desto besser.

Seul gentoc'h, seul welloc'h.

Bretagne – Sauvé 1878: 4.

Zufriedenheit

Die Ente wünscht sich stets den See, auf dem sie gerade nicht schwimmt.
Is e miann na lach an loch air nach bi i.
Schottland – Nicolson 1881: 233.

Jedem Vogel gefällt die eigene Stimme.
Digrif gan bob ederyn ei lais.
Wales – *Peniarth 17* (Lewis 1929: 7); Salesbury 1547; Davies 1632; Howell 1659: 2.

Wehe dem, der grundlos klagt.
Gwae heb raid a wnel achwyn.
Wales – *Englynion y Misoedd* (Jackson 1935a: 38 und 1935b: 73); Roberts 1885: 6.

Wer grundlos klagt, dem soll ein Grund gegeben werden.
A achwyno heb achos, gwneler achos iddo.
Wales – Salesbury 1547; Davies 1632; Howell 1659: 1.

Gemieteter Ochse darf nicht klagen.
Yr ŷch llog ni fedr achwyn.
Wales – Roberts 1885: 6.

Kein Fisch ohne Gräten.
N'ez eus pesk hep e zrein.
Bretagne – Sauvé 1878: 22.

Besser einen Vogel in der Hand als zwei im Wald.
Gwell un aderyn yn llaw na dau yn y coed.
Wales – Howell 1659: 3; ähnlich Roberts 1885: 184, *Gwell aderyn mewn llaw na dau mewn llwyn* («Besser einen Vogel in der Hand als zwei in einem Busch»).

Besser eine Forelle im Topf als einen Lachs im See.
Is fearr breac 'sa phota nó bradán 'sa linn.
Irland – Ó Muirgheasa 1907: 122.

Besser innerhalb einer Hütte, als außerhalb eines Schlosses.
Gwell tu fewn i fwthyn, na thu allan i gastell.
Wales – Roberts 1885: 80.

Besser einen Esel, der mich trägt, als ein Pferd, das mich abwirft.
Gwell asyn a'm dyco na march a'm taflo.
Wales – Evans 1965: 32.

Lieber am Ende einer Feier kommen als am Anfang eines Streits.
Is féarr teacht i ndeireadh cuirme ná i dtoiseach troda.
Irland – Ó Muirgheasa 1907: 64.

Was man nicht heilen kann, das muss ertragen werden.
An nidh nach fèadar a lèigheas, is èigin 'fhulaing.
Irland – MacAdam 1858–62: 183. Ähnlich in Schottland (MacDonald 1926: 30), *An rud nach gabh leasachadh, 's fheudar cur suas leis.*

Zuviel ist nicht besser als zu wenig.
Nid gwell gormod na rhy fychan.
Wales – Salesbury 1547; Davies 1632; Howell 1659: 25; Roberts 1885: 70 mit der Variante *Nid gwell gormod na digon* («Zuviel ist nicht besser als genug»). Ähnlich in Ulster (MacAdam 1858–62: 183), *Foghnaidh go leòr comh maith le fèusda* («Genug ist ebenso gut wie ein Fest»).

Zuviel von etwas ist nicht gut.
Nid da rhy o ddim.
Wales – Salesbury 1547; Davies 1632; Howell 1659: 24. Vgl. schon Seneca, *De tranquilitate animi* 9,6: *Vitiosum est ubique, quod nimium est* («Verkehrt ist überall, was zu viel ist»).

Zuviel von etwas ist dasselbe wie gar nichts.
Iomarca d'aon nídh, 's ionann sin 's gan aon nídh.
Irland – Ó Muirgheasa 1907: 64.

Wer mit trockenem Brot zufrieden ist, findet überall zu essen.
Neb 'zo laouen gant bara sec'h a gav da beuriñ e pep lec'h.
Bretagne – Sauvé 1878: 34.

Wer alles haben will, wird alles verlieren.
An té shanntuigheas an t-iomlán, caillfidh sé an t-iomlán.
Irland – Ó Muirgheasa 1907: 66. Ebenso in Wales (Evans 1965: 21),
A chwenycho'r cyfan a gyll y cyfan.

Es ist nicht leicht, es jedem recht zu machen.
Nid hawdd boddloni pawb.
Wales – Roberts 1885: 70.

Ein gutes Pferd, das jeden Reiter zufriedenstellt.
Is maith an t-each a shàsuigheas gach marcach.
Irland – MacAdam 1858–62: 286.

die zukunft

Ein Mann weiß, wann er geht – nicht weiß er, wann er wiederkehrt.
Ef a wŷr dŷn pan el, ac ni wŷr pan ddêl.
Wales – Salesbury 1547; Davies 1632; Howell 1659: 3.

Drei Dinge sind schwer zu kennen: ein Mensch, eine Eiche, ein Tag.
Tri pheth anodd eu nabod: dyn, derwen a diwrnod.
Wales – Jones 1879: 299.

Der Tod ist für jeden gewiss – ungewiss ist der Tag, da er kommt.
Angau i bawb sy ddiogel, amau fydd y dydd y del.
Wales – *Englynion y Misoedd* (Jackson 1935a: 41 und 1935b: 75).

Jedes Vorzeichen lügt.
Pob coel celwydd.
Wales – Salesbury 1547.

Niemand kennt die Zukunft außer Gott.
Namyn Duw nid oes dewin.
Wales – *Llyfr Coch Hergest* (Jackson 1935a: 28 und 1935b: 64); *Englynion Y Clyweit* (Williams u. Parry-Williams 1927: 11).

Literatur

1. Sprichwortsammlungen

Anderson 1957: M. L. Anderson (Hrsg.), *The James Carmichaell Collection of Proverbs in Scots*, Edinburgh.

Bannister 2005: Garry Bannister, *Proverbs in Gaelic. Seanfhocail i nGaeilge*, Belfast.

Beveridge 1924: Erskine Beveridge (Hrsg.), *Fergusson's Scottish proverbs, from the original print of 1641, together with a larger manuscript collection of about the same period hitherto unpublished*, Edinburgh (Scottish Text Society, second series 15).

Borlase 1866: William Copeland Borlase, «A Collection of Hitherto Unpublished Proverbs and Rhymes, in the Ancient Cornish Language, from the Manuscript of Dr. Borlase», *Journal of the Royal Institution of Cornwall* 2, 7–14.

Bourke 1856: Ulick Joseph Bourke, *The College Irish Grammar*, Dublin [Appendix I. Irish Proverbs S. 164–186].

Cameron 1892: Alexander Cameron, *Reliquiae Celticae: texts, papers, and studies in Gaelic literature and philology*, zwei Bände, Inverness [Sprichwörter ohne Übersetzung in Bd. II, S. 475–507].

Campbell 1965: John Lorne Campbell, «Proverbs from Barra collected by the late Neil Sinclair», *Scottish Gaelic Studies* 10, 178–208.

Campbell 1972: John Lorne Campbell, *Gaelic Words and Expressions from South Uist and Eriskay collected by Rev. Fr. Allan McDonald of Eriskay (1859–1905)*, Second Edition with Supplement, Oxford.

Cheviot 1896: Andrew Cheviot [d. i. J. Hiram Watson], *Proverbs, Proverbial Expressions, and Popular Rhymes of Scotland*, Paisley.

Cregeen 1835: Archibald Cregeen, *A Dictionary of the Manks Language, with the Corresponding Words or Explanations in English; interspersed with many Gaelic Proverbs*, Douglas, London u. Liverpool.

Davies 1632: John Davies, *Antiquae Linguae Britannicae ... et Linguae Latinae Dictionarium Duplex*, London.

Dorian 1974: Nancy C. Dorian, «Gaelic Proverbial Lore in Embo Village», *Scottish Studies* 18, 117–126.

Dunn 1959: Charles W. Dunn, «Gaelic Proverbs in Nova Scotia», *Journal of American Folklore* 72, 30–35.
Evans 1965: John James Evans, *Diarhebion Cymraeg*, Llandysul.
Hardiman 1831: James Hardiman, *Irish Minstrelsy, or, Bardic Remains of Ireland; with English poetical translations*, zwei Bände, London [Sprichwörter ohne Übersetzung in Bd. II, S. 397–408].
Henderson 1832: Andrew Henderson, *Scottish Proverbs, collected and arranged, with an introductory essay by W. Motherwell*, Edinburgh.
Hislop 1862: Alexander Hislop, *The Proverbs of Scotland*, Glasgow.
Howell 1659: James Howell, *Lexicon tetraglotton: an English-French-Italian-Spanish dictionary, ... with a particular tome of the British, or old Cambrian sayed-sawes and adages ...*, London.
Hull 1929: Vernam Hull (Hrsg. u. Übers.), «The Wise Sayings of Flann Fína», *Speculum* 4, 95–102.
Ireland 1999: Colin Ireland, *Old Irish Wisdom attributed to Aldfrith of Northumbria. An edition of Bríathra Flainn Fhína maic Ossu*, Tempe, Arizona.
Jackson 1935a: Kenneth Jackson, *Early Welsh Gnomic Poems*, Cardiff.
Jackson 1935b: Kenneth Jackson, *Studies in Early Celtic Nature Poetry*, Cambridge [Übersetzungen walisischer gnomischer Dichtung S. 50–75].
Jones 1877–80: T. G. Jones, «Welsh Proverbs, Triads, and Truisms», *Collections historical and archaeological relating to Montgomeryshire and its borders* 10 (1877) 359–378, 11 (1878) 285–316, 12 (1879) 297–308, 13 (1880) 311–332.
Kelly 1721: James Kelly, *A complete collection of Scotish proverbs explained and made intelligible to the English reader*, London.
Kelly 1976: Fergus Kelly (Hrsg. u. Übers.), *Audacht Morainn*, Dublin.
Lewis 1929: Henry Lewis, «Diarhebion ym Mheniarth 17», *Bulletin of the Board of Celtic Studies* 4, 1–17.
MacAdam 1858–62: Robert Shipboy MacAdam, «Six hundred Gaelic proverbs collected in Ulster», *Ulster Journal of Archaeology* 6, 172–183 und 250–267; 7, 278–287; 9, 223–235.
MacDonald 1926: Thomas Donald MacDonald, *Gaelic proverbs and proverbial sayings with English translations*, Stirling.
Matheson 1949: Angus Matheson, «Some proverbs and proverbial expressions from Lewis», *Journal of Celtic Studies* 1, 105–115.
Meek 1978: Donald Meek, *The Campbell collection of Gaelic proverbs and proverbial sayings*, Inverness.

Meyer 1906: Kuno Meyer (Hrsg. u. Übers.), *The Triads of Ireland*, Dublin (Todd Lecture Series 13).
Meyer 1909: Kuno Meyer (Hrsg.), *Tecosca Cormaic*, Dublin (Todd Lecture Series 15).
Nicolson 1881: Alexander Nicolson, *A Collection of Gaelic Proverbs and Familiar Phrases, based on Macintosh's Collection*, Edinburgh u. London.
Ó Máille 1948–52: Tomás Ó Máille (Hrsg.), *Seanfhocla Chonnacht*, zwei Bände, Dublin.
Ó Muirgheasa 1907: Énrí Ó Muirgheasa, *Seanfhocla Uladh*, Dublin.
O'Rahilly 1922: Thomas Francis O'Rahilly, *A Miscellany of Irish Proverbs*, Dublin.
Phillimore 1886: Egerton G. B. Phillimore, «A Fragment from Hengwrt Ms. No.202. [XI.] Dihaerebyon yw hyn», Y Cymmrodor 7, 138–145.
Ramsay 1737: Allan Ramsay, *A collection of Scots proverbs, more complete and correct than any heretofore published*, Edinburgh.
Ray 1678: John Ray, *A collection of English proverbs*, Cambridge.
Richards 1815: Thomas Richards, *Antiquae Linguae Britannicae Thesaurus, being a British or Welsh-English Dictionary*, third edition greatly improved, Dolgelley [The British or Welsh Proverbs S. 445–473].
Roberts 1885: Thomas Rowland Roberts, *The Proverbs of Wales. A collection of Welsh proverbs, with English translations*, Penmaenmawr.
Salesbury 1547: William Salesbury, *Oll synnwyr pen Kembero ygyd*, London.
Sauvé 1878: L.-F. Sauvé, *Proverbes et dictons de la Basse-Bretagne*, Paris.
Smith 1927: Roland Smith, «The *speculum principum* in Early Irish Literature», *Speculum* 2, 411–445.
Smith 1928: Roland Smith, «Senbríathra Fithail», *Revue celtique* 45, 1–92.
Vaughan 1889: Henry Halford Vaughan, *British Reason in English Rhyme*, London.
Williams F. 2002: Fionnuala Carson Williams, *Wellerisms in Ireland. Towards a Corpus from Oral and Literary Sources*, Burlington, Vermont.
Williams I. 1927: Ifor Williams, «Hen Ddiarhebion (Llyfr Du o'r Waun, td. 32)», *Bulletin of the Board of Celtic Studies* 3, 22–31.
Williams u. Parry-Williams 1927: Ifor Williams und T. H. Parry-Williams, «Englynion Y Clyweit», *Bulletin of the Board of Celtic Studies* 3, 4–21.
Wood 1894: G. W. Wood, «On the Classification of Proverbs and Sayings of the Isle of Man», *Folklore* 5, 229–274.

2. Neuere Sekundärliteratur

Almqvist 2000: Bo Almqvist, «A. J. Hughes, Robert Shipboy Mac Adam (1808–95). His Life and Gaelic Proverb Collection», *Béaloideas* 68, 161–172.

Bowden 1996: Betsy Bowden, «A Modest Proposal, Relating Four Millennia of Proverb Collections to Chemistry within the Human Brain», *Journal of American Folklore* 109, 440–449.

Cavill 1999: Paul Cavill, *Maxims in Old English Poetry*, Woodbridge, Suff.

Deskis 1996: Susan E. Deskis, *Beowulf and the medieval proverb tradition*, Tempe/Arizona

Dunn 1986: R. D. Dunn, «English Proverbs from William Camden's Remains Concerning Britain», *Huntington Library Quarterly* (1986) 271–275.

Fox u. Woolf 2002: Adam Fox und Daniel Woolf (Hrsg.), *The spoken word. Oral culture in Britain, 1500–1850*, Manchester.

Hughes 1998: Art J. Hughes, *Robert Shipboy MacAdam (1808–95). His life and Gaelic proverb collection*, Belfast.

Kelly 2004: Fergus Kelly, «Thinking in Threes: The Triad in Early Irish Literature», *Proceedings of the British Academy* 125, 1–18.

Larrington 1993: Carolyne Larrington, *A store of common sense. Gnomic theme and style in Old Icelandic and Old English wisdom poetry*, Oxford.

Mieder 2009: Wolfgang Mieder (Hrsg.), *International Bibliography of Paremiology and Phraseology*, zwei Bände, Berlin.

Myrick 1994: Leslie Diane Myrick, «The Deployment of Irish Proverbial Phrases in Medieval Irish Adaptations of Greco-Roman Epics», *Proverbium* 11, 175–187.

Ó Corráin 1989: Ailbhe Ó Corráin, *A Concordance of Idiomatic Expressions in the Writings of Séamus Ó Grianna*, Belfast.

Parsons 1971: Coleman O. Parsons, «Scottish Proverb Books», *Studies in Scottish Literature* 8, 194–205.

Robinson 1945: Fred Norris Robinson, «Irish Proverbs and Irish National Character», *Modern Philology* 43, 1–10.

Roider 2007: Ulrike Roider, «Lebensweisheiten zum Thema ‹Frau› in der altirischen Texttradition», in: Helmut Birkhan (Hrsg.), *Kelten-Einfälle an der Donau*, Wien, 441–456.

Simpson 1987: Dean Simpson, «The ‹Proverbia Graecorum›», *Traditio* 43, 1–9.

Staic 1997: Patrick de Staic, «Las colecciones paremiológicas irlandesas en lengua gaélica», *Paremia* 6, 589–594.

Stewart 1993: Ralph Stewart, «Scots Peasant Proverbs», *Scottish Tradition* 18, 41–53.

Taylor 1992: Barry Taylor, «Medieval Proverb Collections: The Western European Tradition», *Journal of the Warburg and Courtauld Institutes* 55, 19–35.

Williams 1984: Fionnuala Carson Williams, «Bachelors' Wives and Old Maids' Children – A Look at the Men and Women in Irish Proverbs», *Ulster Folklore* 30, 78–88.

Williams 1986: Fionnuala Carson Williams, «‹Eulen nach Athen tragen› – Versions from Ireland», *Proverbium* 3, 253–256.

Williams 1990: Fionnuala Carson Williams, «Irish Versions of Some Proverbs Found in Scots», *Review of Scottish Culture* 6, 53–60.

Williams 1995: Fionnuala Carson Williams, «Six Hundred Gaelic Proverbs Collected in Ulster by Robert MacAdam», *Proverbium* 12, 343–355.

Williams 2000: Fionnuala Carson Williams, «Maritime Referents in Irish Proverbs», in: Patricia Lysaght u. a. (Hrsg.), *Islanders and Water-Dwellers: Proceedings of the Celtic-Nordic-Baltic Folklore Symposium held at University College Dublin 16–19 June 1996*, Dublin, 359–369.

Williams 2001a: Fionnuala Carson Williams, «Quotation Proverbs in Ireland», in: Séamus Ó Catháin (Hrsg.), *Northern Lights: Following Folklore in North-Western Europe. Essays in Honour of Bo Almqvist*, Dublin, 9–21.

Williams 2001b: Fionnuala Carson Williams, «Scottish Proverbs: ‹A New Walk in an Old Field›», *Folklore* 112, 73–82.

Williams 2007: Fionnuala Carson Williams, «Proverbs in Scotland», in: John Beech u. a. (Hrsg.), *Scottish Life and Society. A Compendium of Scottish Ethnology. Volume 10: Oral Literature and Performance Culture*, Edinburgh, 171–189.

aus dem Verlagsprogramm

WEITERE BÜCHER DES AUTORS BEI C.H.BECK

DIE DRUIDEN

2009. 127 Seiten mit 10 Abbildungen und 2 Karten. Paperback
C.H.Beck Wissen in der Beck'schen Reihe Band 2466

Beck's Historische Bibliothek

DIE KELTEN

Ihre Geschichte von den Anfängen bis zur Gegenwart
2. Auflage. 2003. 320 Seiten mit 6 Karten und 13 Abbildungen. Leinen

DIE RELIGION DER GERMANEN

Götter, Mythen, Weltbild
2003. 206 Seiten mit 7 Abbildungen. Leinen

DIE RELIGION DER KELTEN

Götter - Mythen - Weltbild
2., durchgesehene Auflage. 2004. 252 Seiten mit 10 Abbildungen und 3 Karten. Leinen

STONEHENGE

Archäologie, Geschichte, Mythos
2005. 109 Seiten mit 21 Abbildungen und Karten. Paperback
C.H.Beck Wissen in der Beck'schen Reihe Band 2377

KLEINES LEXIKON DER NAMEN UND WÖRTER KELTISCHEN URSPRUNGS

3. Auflage. 2010. 141 Seiten. Paperback
Beck'sche Reihe Band 1541